政治って、面白い！

女性政治家24人が語る仕事のリアル

三浦まり 編著

花伝社

凡例

・本書に登場する政治家の肩書や所属政党はすべて、インタビュー、対談、座談会実施当時のもの。

・本文中の注釈は花伝社編集部による作成。注釈中における肩書はすべて文中当時のもの。

政治って、面白い！——女性政治家24人が語る仕事のリアル◆目次

第2章 女性政治家が山を動かす

はじめに

この本は、二四人の女性政治家の率直な語りを通じて、政治の世界には大変なこともあるけれど、それ以上にやりがいに満ちていることを伝えるものです。

この本を手にとったあなたは、「政治」に関心を持ち、女性政治家がもっと増えたらいいなとか、自分も何か手伝えることはないかなと思っているのではないでしょうか。もしかしたら、いつか自分もなってみようかなと、チラッと思っているのかもしれません。

とはいえ、政治家が毎日どんな仕事をして、それがわたしたちの暮らしにどう関係するのか、あまりピンとこないことが多いのではないでしょうか。政治を志すに至った動機や、政治家としての具体的な仕事について、実はあまり知られていないと思います。仕事のやりがいや魅力がわからなければ、目指す人が少ないのも当然です。

ならば、実際の女性政治家に話を聞くのが一番です。どんな思いから立候補を決意し、障壁をどう乗り越え、どこにやりがいを見出しているのでしょうか？　若い女性にもお勧めの仕事なのでしょうか？

本書では、国会議員、地方議員、首長にインタビューや対談・座談会形式で自由に語ってもらい、若い女性に向けたメッセージを集めました。思っていた以上に次々とポジティブな言葉が出てきて、毎回笑いで溢れ、エンパワーされる機会となりました。

「社会を変えられる、居心地のよいところにできるってすごく楽しいことです。どんな仕事もやりがいがあると思うけれど、政治はそれがとにかくダイレクト」（福島みずほ）というように、二四人の語りからは、「楽しい」という言葉が何度も出てきます。「社会課題を仕事で叫べるって最高」（よだかれん）とか「やることがいっぱい出てきて毎日楽しいです」（いのまた由美）といった具合です。本当かなと思う方は、ぜひこの本を読み進めてください。

政治家の仕事というのは、みんなの悩みを聞き、それを解決するために、法律を作ったり、制度の運用を変えたり、予算をつけたりすることにあります。二四人の女性政治家たちは、異口同音に、立場が弱い女性たちの小さな声を聞き取り、どうしたらいいのか当事者たちに伴走しながら考え、そして政治を動かした経験を語っています。

こうした政治家の仕事は、皆さんが政治に対して抱いているイメージに合致するものでしょうか？　政治というと、汚い権力闘争の場だと思っている人も多いのではないかと思います。それも政治の一側面ですが、「広場の政治」という別の面もあります。「みんなの声を聞いて、今必要なものをつくりだしていく」（辻元清美）のが「広場の政治」で、ここに登場する女性政治家が実践する政治はそのようなものなのです。

社会をよくしたい、自分やみんなの生きづらさを解消したい、と思う女性は多いと思います。

そのためにできることは様々あります。署名活動、陳情・ロビー活動、ツイッターデモへの参加、など色々な方法によって政治を動かすことができます。でも、政治家にしかできないこともあります。議員であれば、議会で直接質問をぶつけ、行政を動かすことができます。議決権を持っていることも大きいです。首長（市長、区長、知事など）や大臣などになれば、行政権限を持っているので、より直接的に政策に関与できます。市民として政策を訴えることももちろん重要ですが、政治家になって直接携わることでより大きな影響力を発揮できるのです。

政策を作るのはやりがいがあるかもしれないけど、選挙運動には関わりたくないと思う人もいるかもしれません。でも、「選挙戦はめちゃくちゃ楽しかったです」（打越さく良）など、本人たちはとても楽しんでいることがわかります。

逆に、選挙はある種の祭りだから、それは好き、だけど自分が政策を作るのは知識不足で無理と尻込みする人もいるかもしれません。そんな人には、「女性は自分のデイリーライフを反映させればそれが政策になる」（野田聖子）という励ましの言葉を届けたいと思います。

「政治家の唯一の資質は、自分が当事者じゃない問題について当事者から学ぶ謙虚さ、それを理解する想像力」（岸本聡子）という言葉も力強いです。

この本は皆さんを勇気づける言葉で溢れています。お気に入りの箇所にマーカーをつけて、心に刻んでもらえると嬉しいです。

第1章
選挙って楽しい!?

第1章◆解説

政治家になるには選挙で当選しなければなりません。政治家という職業が、他のどんな職業とも違うのは、選挙で選ばれるという点です。民主主義の根幹にあるのが、自由で公平な選挙。みんなに選ばれたという事実があるからこそ、政治家の発言には重みがあり、社会を動かす力（パワー）をもつのです。

とはいえ、実際に自分が選挙に出ることを想像すると、二の足を踏んでしまうかもしれません。自分の顔のポスターが街中に貼られるのも気恥ずかしいし、選挙カーに乗って名前を連呼するのも興ざめ、という意見をよく聞きます。だけど、当事者たちは意外なことに選挙運動を楽しんでいるようです。「みんなが見てくれるなか、道のど真ん中で大きな声でしゃべることの気持ちよさといったらない」（山田裕子）とか「自己肯定感あがるかもしれない」（うすい愛子）と言っています。

街で演説をすると、熱心に耳を傾けてくれる人が出てきたり、こんな問題もあるのよと教えてくれる人がいたりと、普通に暮らしていた時には出会えない様々な人たちと繋がれることが選挙の魅力ともいえそうです。

選挙はチームワークです。決して一人では闘えません。利権を持たない女性たちを応援してくれる人たちと「ドタバタと選挙をつくりあげていく感じは最高でした」（打越さく良）という言葉からは、神輿に乗った本人が選挙を楽しんでいた様子が伝わってきます。ここまで達観できたのも、権力を取る意志を打越さんが強く持っていたこともあるでしょう。選挙に出たからには、何がなんでも勝つ——。そうした気持ちを強く保つには、自分はなぜ政治家になるのかという動機がしっかりしていることが不可欠です。

個人的なことは政治的である

政治家になる動機はそれぞれですが、本書に登場する女性政治家の多くは自分の生きづらさに向き合い、これは社会の課題だと気づいたことが動機だったと語っています。あるいは、弁護士や相談員の立場から女性たちが抱える様々な困難を知り、社会を変えないといけない、社会を変えるには政治を動かす必要がある、と気づいていくのです。

「個人的なことは政治的である」というのは第二波フェミニズムのスローガンですが、これは現在に至るまで女性の政治参画を象徴する重要な言葉だと思います。生理や妊娠・出産に関する問題、あるいは痴漢をはじめとする性暴力や性搾取の問題は、最初は個人として直面する問題でも、その解決は社会が変わらない限りは難しいものです。個人として自己責任で乗り越えるのはしんどく、孤独なものですが、みんなの問題として捉え、仲間と一緒に対処するのであれば、もっと早く、そしてもっと楽しく解決の道に辿り着けるでしょう。

政治はほぼ男性が占有し、女性の居場所ではないように思えてしまいます。この「男性政治」の構図が女性を政治から足を遠のけさせてしまっています。女性が政治に関心がないのではなく、女性が関心を持ちにくい政治構造となっていることが問題なのです。でも、自分の個人的な悩みが政治につながっていることに気づき、政治を変えることでこそ悩みが解決できると知ったならば、どうでしょうか？

政治に関わらないことはむしろ損でもあり、怖いことでもあります。自分の知らないうちに、自分に関する事柄が勝手に決められてしまうかもしれないからです。女性にとって、個人的なことが政治的であると気づいた瞬間が、政治に参画する必要性を自覚するときなのです。

人とのつながりから生まれる政策

立候補を決意するときには、自分自身の個人的な動機からある特定の政策への思いが強いことが多いのですが、議員として活動を続けていくうちに視野が広がっていくということも、女性政治家からよく聞きます。

山田さんは原発事故以降に放射能から子どもを守る活動を始め、ほぼワンイシューを掲げての当選だったそうですが、今ではネットカフェ、生活保護、子ども食堂など、社会的弱者が生きやすいまちづくりへと活動領域が広がったそうです。うすいさんはLGBTQ当事者として活動をしてきましたが、一口に女性やLGBTQといっても、ライフステージや属性によって課題が異なることから勉強を重ねているとおっしゃっています。よださんは新宿区のデモ規制への反対から立候補を決意するのですが、生きづらさを抱えた人から自分の声を代弁してほしいと言われることが増え、そうした有権者のニーズに応えることが自分に求められていることだと考えるようになったといいます。このように、議員となることで新しい出会いがあり、その出会いから問題関心を広げていることがわかります。

第2章に登場する福島みずほさんは「答えは現場にある」という文句をポスターに掲げるぐらい、現場主義にこだわっています。政治問題は現場を見ないとわからないからと、自分から現場に足を向け、問題を拾い上げ、政策に繋げています。第3章に登場する議員たちもまた、女性たちの声が届くと即座に反応して、解決のために奔走しています。

「議員」というのはわたしたちのことを議会で代弁をしてくれる人のことを意味します。多様な当事者が議席を得る必要がありますが、自分の当事者性だけを追求するのではなく、どれだけ他者を代弁できるかということが議員の資質として重要です。そうでなければ、特に少数者に関する課題は埋もれてしまいます。マイノリティや弱者といっても、実に多様です。一般的には女性や性的マイノリティ、障がい者などがその代表格にように見られていますが、難病、引きこもり、不登校、ヤングケアラー、被害者／加害者家族、不安定雇用などなど、まだ十分に光が当たっていない課題が社会には溢れています。だからこそ、議員に求められるのは「聞く力」なのです。誰の声を聞くのかは、その人の持つネットワークによって決まっていきます。相談に訪れる人たちから学ぶだけではなく、戸別訪問やアウトリーチ、現場訪問によって、つながる人たちの範囲を広げていくことも重要な議員活動です。そうした人と人とのつながりの集大成が、次の選挙になるわけです。

座談会

議員へのファースト・ステップ

二〇二二年一〇月一九日実施　※肩書は当時
聞き手＝西川有理子[1]

よだかれん（よだ・かれん）元東京都新宿区議会議員、無所属。一九七二年、沖縄県生まれ。トランスジェンダーを公表して二〇一九年の新宿区議会議員選挙に立候補し、初当選。二〇二二年に新宿区議を辞職、同年夏の参議院議員選挙にれいわ新選組から比例区で立候補。同年九月、無所属になり、新宿区長選挙に立候補。

うすい愛子（うすい・あいこ）東京都北区議会議員、立憲民主党所属。一九九〇年、横浜生まれ札幌育ち。青山学院大学文学部日本文学科卒業。同大学大学院中退後、株式会社セブン-イレブン・ジャパンに入社。二〇一六年、一六年間半身不随の祖母を介護していた祖父が亡くなったことにより介護のために退社。その後、神奈川県議会議員事務所スタッフを経て、二〇一九年統一地方選挙にて立憲民主党から立候補し初当選。

山田裕子（やまだ・ゆうこ）埼玉県越谷市議会議員、越谷市民ネットワーク所属。一九八二年、宮崎県生まれ。3・11から子どもを放射能から守る「5年後10年後子どもたちが健やかに育つ会・越谷」の活動にかかわる。食、予防接種、自然な暮らしの勉強会などを行う「いのちと暮らしを考える会」共同代表を経て、二〇一五年越谷市議選挙で初当選。二〇一九年再選。二児の母親。

●踊る行政書士から政治家へ

――よださんは、二〇一九年の東京都新宿区議選で初当選されています。当時の立候補までの経緯を教えてください。

座談会当日の様子（よだ）。

よだ　私は元々、ショーダンサーとして舞台に立ちながら週の半分は行政書士の仕事をする、「踊る行政書士」でした。当時からバリバリ政治的な発信をしていましたが、これは小学校から高校まで沖縄県那覇市で過ごしたこともあって、平和や憲法の大切さが身近な問題だったということが背景にあります。

　リベラルな立場から発信していたのですが、ある時「あなたは偏っている。保守的な考えも学んだほうがいい」と言われて、輝照塾[2]にダメ元で応募して面接を受けたら合格しました。自分とは反対の政治思想に触れてみたいと思っていたのですが、もちろんディ

1　（にしかわ・ゆりこ）女性政治リーダー養成等を運営するパリテ・アカデミー事務局長。仕事と子育てに悩み離職、男女平等センターの女性学講座を受講したことをきっかけに男女平等関連職場で働くようになり、社会的包摂サポートセンターを経て現職。

2　二〇一七年、希望の党結党に先立ち、小池百合子東京都知事の後ろ盾を得て若狭勝元衆議院議員が立ち上げた政治塾。

スカッションの場などでは、私は一人浮いていました（笑）。

その塾の講義が始まってすぐ、衆議院の解散総選挙が行われることになりました。塾も終了になって残念だなと思っていたら、希望の党さんが「うちから出ませんか」と言ってくれて。政治的な思想信条が違っていたので、そのお話はお断りしたんですが、自分には政治家になるという可能性があるのだと自信を持つことができました。それでショーダンサーを卒業して、二〇一八年の始めから政治の勉強をしようと動き始めて、そこでパリテ・アカデミー[3]に出会いました。

当初は国政のことしか頭になかったのですが、パリテ・アカデミーでは地方自治体議員の役割も勉強しました。そんな時、新宿区でデモ規制が行われることになって。二〇一八年六月のことでした。それまで、デモ隊の出発場所として四つの公園が許可されていたんですが、それが一つの公園に限定されることになったんです。これはおかしい、と思って街に立って訴え始めました。

翌年四月に統一地方選があることがわかり、自分が住んでいる街でおかしなことが行われているのに、見て見ぬふりをして国会議員になりたいというのはなにか違うと思い、新宿区議選に立候補することにしたのです。


——無所属での立候補だったのは、何か理由があったのでしょうか。無所属で地盤・看板ナシは厳しい

3　三浦まり氏と申きよん氏が共同代表として二〇一八年三月に設立。若手女性の政治リーダーシップ養成講座の提供などの活動を行う。本書終章の対談（二六二頁〜）も参照。

場合もありますよね。

よだ　選挙に出ると決めて街に立ち始めた頃に、自治体議員の先輩から「君の場合、政党に入らないと当選しないよ」と言われて。「じゃあ」と思ってある政党を訪ねると、もう区割り[4]などが終わっているからと断られてしまって。八月過ぎのことで、もう選挙まで一年を切っていたからかもしれません。他の政党も訪ねましたが、現職以外に立てる余力がないと言われたりもしました。どこにも入れてもらえなくて無所属で出たら、結果上位当選でした。

――よださんはいま（二〇二二年一〇月）、新宿区長選にチャレンジされていますが、七月の参院選にも全国比例候補者として立候補されていました。

よだ　今年の二月くらいに、ある政党から国政に挑戦しないかとお声がけいただきました。色々考えた末に、声をかけてくれた政党ではなく、元々共感していたれいわ新選組から立候補しました。残念ながら落選してしまったのですが、次の国政選挙までの間は国会の現場を学びましょうと言って頂き、れいわ新選組の政策審議スタッフとして働き始めました。ところがその直後、新宿区民の方から一一月の新宿区長選に立候補して欲しいという連絡が入りました。まったくの想定外でしたのでお断りしたのですが入れ替わり立ち替わりに区民の方が説得に来て、どうしても出てほしいとお手紙を持って

4　小選挙区の境界線をどのように引くかを「区割り」という（主に有権者の人口分布によって決まる）が、ここでよだの言う「区割り」とは、中・大選挙区において、政党内で候補者をどのように配置するか決める過程のことを意味する。

きてくれたりもしました。
後からわかったんですが、私も応援したいと思っていた野党系の方が立候補をお断りになったので
お鉢が回ってきたという事情もあったようです。最終的には、ある区民の方の「参院選にかれんさんが落ちてしまったのはとても残念だったけれど、新宿区民にとっては天の恵みだ」というお言葉が背中を押してくれました。ここまで言われたら、やるしかないですよね。
応援してくれる方たちも「人もお金も心配しないでください」と言ってくれたので、勉強の機会や安定した収入など失うものはたくさんありましたが、やるしかないと思って動き始めました。多様性の街・新宿に、私以上にふさわしい人がいますかと訴え、いま新宿中をかけ回っているところです。

●今の日本社会での生きづらさ

――うすいさんは二〇一九年春の統一地方選で東京都北区議に当選されました。どのような経緯だったのでしょうか。

うすい　大学卒業後は大学院に進学したのですが、中退して働くことを決意しました。ところが、大学卒業からは二年経っていて、修士号も取っていなかったので思った以上に門が狭くて。働いたこともないのに、「その年齢だと中途採用です」と言われたり、そもそも年齢的に受けられなかったりすることが多かったです。
その後就職したんですが、今度は老老介護で半身不随の祖母を一六年間見ていた北海道の祖父の体

調が悪くなってしまって。それで、母が介護を代わることになったんですが、祖父のやり方に慣れていた祖母が望むような介護が叶わず、母がどんどん疲弊していったんです。母は初めての介護でわからないことも多かったようで、二回もぎっくり腰になって、元々明るい人だったのが精神的にも身体的にも「危ないな」と思う瞬間もあり、「帰ってきてほしい」と泣かれたこともありました。
　私はセブン‐イレブン・ジャパンで働いていたんですが、土日休みでも連休が取れる仕事でもなく、上司に相談したところ、介護のための休暇はあるけど三年目からと言われ、「そんなに待てない！」と思い離職しました。大変だった就活を乗り越えているので、「二〇代、どうにでもなるでしょ」、という気持ちでいられました。それよりも母の介護疲れが大変だということで、非正規の仕事を二、三個掛け持ちし、時折北海道に帰省することになりました。

座談会当日の様子（うすい）。

――非正規で働くなかで、どのように政治家へと気持ちが動いていったのでしょうか。

うすい　元々、大学時代から他大学のＬＧＢＴＱサークルにいくつか所属し、自分の大学でも性的マイノリティの居場所づくりがしたいとサークルを立ち上げたりと、積極的に活動していました。そうした経験のなかで、同性婚の早期実現は

座談会当日の様子（西川）。

もちろん、選択的夫婦別姓などジェンダー平等への歩みは誰かがやってくれるのを待っていては進まないかもしれない、と思ったことが大きなきっかけです。

日本のジェンダーギャップの大きさは社会に出てからより強く感じるようになり、就活の面接時から入社後まで会社には訴えていましたが、人事部も「ゆくゆくは」という感じで、その間もどんどん遅れていく日本社会に対して何もできない自分をもどかしく思っていました。そうした話を性的マイノリティのコミュニティで話したところ、友人のお母さまが元市議会議員だということで、「そういう思いがあるならどうか」と、県会議員の方を紹介してくださったのが大きな転機でした。

二〇一八年のことでした。その県議の方が当時民進党所属だったので、私も言われるがまま党員になってみたり、見よう見まねでチラシ配りをしてみたり、事務所番をしてみたり。そんななか、「次の統一地方選挙どうするの?」と聞かれて、「どうって⁉」と（笑）。自分が立候補するイメージがもてず、何人かの議員さんに相談しに行き、上川あやさん[5]には「地方からでも変えられることはたく

5　東京都世田谷区議会議員、無所属。二〇〇三年の統一地方選挙において、日本で初めて性同一性障害であることを公表のうえ立候補し、当選した。

さんある」と言っていただきました。同じく訪ねた国会議員の方に当時できた立憲民主党を薦められて、立候補を決意しました。

地元と呼べる地元がなく、横浜生まれなので横浜から出ようかとも思ったのですが、結局はその当時住んでいた北区から出ることになりました。当初、自分が住んでいた北区赤羽には既に公認候補がいたのですが、その方が自民党に移るということが判明したんです。「立候補する選挙区や地域に合わせて引っ越ししなきゃいけないのか、お金かかるなぁ〜」と思っていたので、「ちょうど空いてます」と言われた時は素直にラッキー！　という気持ちでした（笑）。

――元々ものすごく準備されていたわけではなかったんですね。

うすい　社会や政治を変えたい気持ちも強く、興味もあったのですが、地盤・看板・カバン[6]もなく、何がきっかけで出られるものなのかもわからなかったんです。恥ずかしながら当時は統一選がいつあるかとかもちゃんと把握していませんでした。

――当選後に直面された課題などありますか？

うすい　ＬＧＢＴＱに関しても、課題の複雑さに直面しています。たとえば建設委員会で建物や公園

6　公職選挙の当選に必要といわれる要素の比喩表現で、地盤は「組織力」、看板は「知名度」、カバンは「資金力」を表している。カバンの由来は札束が入ったカバンのイメージによるもの。

のトイレについて議論していくと、トランスジェンダーの方のサニタリーボックスの問題や高齢男性で紙おむつを履いている方の捨てる場所がないという問題が交差していたりと、課題がめちゃくちゃ幅広く絡み合っていることを感じます。一口に女性とかＬＧＢＴＱといっても、ライフステージや属性ごとに抱える問題も違いますし、当事者の声を聞きながら、あらゆることを網羅的に一つ一つ勉強するしかないですね。ただパートナーシップ制度つくって終わり[7]、というわけではないんだよ、ということです（笑）。

――有権者の声は、どのようにして拾っていますか？

うすい　イベント開催をよくやっています。最近では同性婚訴訟（マリッジフォーオールジャパン）の原告の方を呼んだり、Colabo[8]代表の仁藤夢乃さんを呼んだり、ジェンダーや性暴力についての勉強会を行ったり、党として女性相談を行ったり……。そういう時のチラシやホームページには、「誰の相談でも受けます」とは書かずに、あえて「女性」、「ＬＧＢＴＱ」、「外国籍」とちゃんと名指しして書くようにしています。「誰でも」というと、相談しづらい人がいるんですよね。当事者は日ごろ社会から疎外されている感覚があるから「誰でも」と言ってしまうと遠慮しがちなんですが、そういう人にこそアウトリーチするための言葉選びをすごく大切にしています。相談者さんに「なぜ私に相

7　東京都北区は二〇二二年四月一日より「区パートナーシップ宣誓制度」を導入している。
8　中高生世代を中心とする一〇代女性を支える活動を行う一般社団法人。

談してくれたんですか」と聞くと、「そのように（女性／外国人／LGBTQ）書いてあったから」と言ってくれています。

●「このなかから誰かが選挙に出るべき」

――山田さんは二〇一五年から埼玉県越谷市議会議員として活動されています。立候補までの経緯はいかがでしょうか。

山田　私は政治に興味のないまま大人になりましたが、子どもを二人産んだ頃にちょうど東日本大震災があって、環境問題や保育環境のことが気になり始めました。私は親が福島県出身だったので、原発が本当に安全なものなら都会につくるよね、と言っていたのを覚えています。だから原発事故が起きた時も、直感的に大変なことが起きたとわかりました。

避難もなかなかできないなか、ミクシィというSNSで同じ思いを持ったお母さんたちと繋がったことをきっかけに、越谷市のなかで立ち上がった「放射能から子どもを守る会」という市民団体に参加しました。その活動で、市議会に放射能測定の請願書を出したり、教育委員会に給食食材検査の要望書を持って行ったりということを一〇人くらいのお母さんたちとやり始めたんです。その時に初めて、市議会が市役所のなかにあることを知ったり、それこそ地方議員と国会議員の違いを知ったりしました。

当初は放射能のことなどを念頭に置いての活動でしたが、保育園事情のこととか、予防接種の副反応のこととか、お母さんたちの間で訴えたいことが次々と挙がるようになりました。越谷市議会では請願を出すと参考人として市民が議会に出て質疑に答えることもできるので、そういうことも面白がってどんどんやっていました。

この活動のなかで議員さんお一人ずつとお話しながら、皆さん建物や道路のことは詳しいけど、子どもの命に関することや環境問題については何もご存知ないんだとわかってきて。日々の活動のなかでお母さんたちの政治スキルが上がっていたこともあって、「私たちのなかの誰かが議会に入らないと変わらないよね」「このなかから誰かが選挙に出たほうがいいんじゃないか」と思ったんです。

――お母さんたちのなかで、なぜ山田さんが選ばれたのでしょうか。

山田　当時、私はそのグループのなかでも最年少で、もっと中心になって活躍していた方もいました。PTAや地域活動もやっていて地域での知名度や人脈もあってと、議員としてのアドバンテージが高い方々でしたが、立候補を決意される方はなかなかいませんでした。あとはシングルマザーで、選挙前に仕事をやめたり働き方を調整したりということができない方もいました。皆さん、本当に惜しい人材だったと思います。「好きなことをしてもいいけど、家のことはちゃんとやって」と夫に言われた方もいました。

私はたまたま、夫もいて仕事をしばらくしなくても生活できる状況にあり、夫も「新しい目標が見つかってよかったね」と言ってくれていたのでチャレンジできました。自分なんかが議員になるとは思ってもなかったんですが、その時点で環境が整っていたのが私だけだったんです。

立候補については割と簡単に考えていたというか、みんなとの活動を通して私にも言えることがたくさんあると実感していたので、職業の一つとしてやってみてもいいかもなと思っちゃったんです。もちろん今思うと、私も夫も政治家になるとはどういうことなのかわかっていなかったとも言えます（笑）。地域でどういう風に見られるのかとか、知らないからこそ飛び込めました。だけど、今はもう二期目ですし、次も挑戦したいと思っています。

座談会当日の様子（山田）。

――山田さんが政治家として活動されるなかで見えてきたことはありますか？

山田　最初はほとんどワンイシューを掲げての当選だったので、議員になっていいんだろうかという思いもすごくあったんですが、そんな不安もすぐに吹き飛ぶほど、日々色んな方が色んな相談をしてくださいます。対応としては、もう実践のなかで覚えていくしかない、と思っています。

たとえば「いま市内のネットカフェで子どもと寝泊まりしてるんだけど」という連絡をもらって、一緒に市役所や社会福祉協議会に行ったり。コロナ禍以降は生活保護の同行申請に行く機会もものすごく増えました。一緒に家探しをするケースも何件もあります。子ども食堂をやるなかでも、子どもたちの親御さんと接する機会があります。こういったことは今の活動の大きなウエイトを占めていますが、社会的弱者が生きやすい街はあらゆる人にとって生きやすい街だと思うので、こんなにやりがいのある仕事はないと思っています。

●五〇〇〇軒の戸別訪問

――皆さんの選挙期間中のことについてお聞かせください。山田さんは、初めての選挙や二期目に向けての準備など、どのようなことに取り組まれましたか。

山田　私は選挙期間前の政治活動においては、戸別訪問に重きを置きました。一期目の選挙の時は新人で、地盤も看板もなかったので、五〇〇〇軒まわりました。越谷市の当落ラインは二二〇〇票なので、その倍をまわった形です。その結果かどうかはわからないですが、三〇〇〇票台で上位当選しました。

私は市民ネットワークという、小さな地域政党の所属で、戸別訪問の際の反応はあまりよくありませんでした。皆さん元々支持していた政党もあったりして、「はいはい」と流されることも多くて。だけど、蓋をあけてみるとある程度の票をいただけていました。付き合いやしがらみの関係でポスターを貼ってあげるよとか応援するよとは言えないけど、自分の一票は女性に託したいという方が一定程度いるんだな、と実感しました。

それからは選挙に関係なく、日常の活動のなかで一か月に何軒と目標を設定して、日中からレポートなどを配りながら回っています。現役世代の方にもお会いできるように、土日どちらかの半日は必ず行くようにして、それでも午前中だけで六〇軒くらいは回れます。

いわゆる男性的な体力重視の政治活動や選挙活動のなかにはやらなくてもいいことってたくさんあると思いますが、これは私にとってはなくてはならない活動です。通年で戸別訪問を入れることで、選挙前に二四時間頑張らなくてもいいようにしています。

――戸別訪問は、どんな風にまわるんでしょうか。全く知らない方の家にも行かれるんですか？

山田　そうです。名簿で回ると飛び飛びになって効率が悪いので、端から順番に飛び込み営業のような感じでピンポンを押して回ります。選挙期間中ではない今の時期などは、政治活動としてやれます。

今は二期目になったので「市議会議員の山田です」と言えることもあって、以前よりはドアを開けてくれる人も増えました。新人の時は本当に「誰？」っていう感じでしたが（笑）。ドアを開けていただけたら、「レポートをお持ちしました」と言って渡して、話せたら「最近どうですか」と話す感じです。

レポートは、折り込みでの議会報告のレポートもつくっていますが、それよりもっと簡単な、自分が今気になっていることをまとめたりしたものを二週間に一回程度つくっています。配るものがあれば訪問する理由にもなるので（笑）。

最初の頃は、戸別訪問に伺っても市民の方も「どこの馬の骨だ」という感じですし、私のほうでも市政への不満なんかを言っていただいてもなんて返していいのかわからないこともありました。今はある程度認知もしていただけるようになり、私も「議会ではこんな話があって……」などとキャッチボールができるようになってきて、度胸がついたと思います。コロナ禍で集会などもやりにくくなりましたし、そういう場所には億劫だから行きたくないという方でも、こうやって来てくれれば話したいことがあるという方もいます。

一対一でお話できる戸別訪問の良いところの一つが、共感力が高まるところです。頭ではわかっていても当事者ではないこと、たとえば介護のことや病院のことも、戸別訪問で「実際にこういうことがあった」という話を聞くと、共感が生まれて、議会質問の場も代弁の場に変わります。

よだ　そういうのってお一人で行かれるんですか？　嫌な目や怖い目に遭ったりされませんか？

山田　一人の時もあるし、支援者の方で一緒にまわってくださる方もいます。支援者の方とまわる経験をすると、選挙のときにも自分ごととして応援してくださったりするので、なるべくそうしています。

大きな声を出されるなど、怖い目に遭ったこともあります。特に一期目の時はあったんですが、そういうことにも毅然と対応できるようになってからはだんだん減っていきました。最初はニコニコ笑ってやり過ごしたりとか、「やめてください～」と小さな声で言うだけだったんです。だけど、勉強を重ねながら「ノーと言ってもいい」と気づきました。

――山田さんは全国フェミニスト議員連盟[9]の代表も務めていらっしゃいますね。

山田　実は私は、立候補するまで世の中の女性差別に無自覚でした。就職や子育てなど、あらゆる場面で差別的な扱いを受けることがあっても、それを社会の構造に結び付けて考えることもなくて。だけど議員になって、圧倒的に男性の多いなかで少数派の女性がものを言うと議会いじめに遭ったり、地域のなかでも自治会の飲み会などの場面でセクハラを受けたり、一人の議員として見てもらえなくて「おねえちゃん」扱いだったり。そういうことを経験して、意識が向くようになりました。

今日の場もそうですが、状況を変えようとしている方々と連帯していけるようになったのはすごく大きなことでした。先輩女性議員にアドバイスをもらって私だけじゃないんだと気づくことも多く、やっぱり頑張ろうと思えるので、仲間の存在は大きいです。だからこそ女性議員を増やしたいと思うし、女性政策をライフワークにしてやってきたいという思いも強くなって、DV被害者やひとり親の支援を積極的にやっています。

●スキーウェアを着て闘った選挙戦

――うすいさんは、選挙準備としてどのようなことをされましたか？　すべてお一人でされたんでしょうか？

9　一九九二年に全国の市民や議員がつくった会員組織。フェミニズムに根付いた政治と、市民の活動をサポートし、女性議員を増やすための活動を行う。

うすい　選挙準備は、一人か、当時のパートナーとやることが多かったです。一応ホームページやSNSでボランティア募集をしたのですが、票ハラに遭ったり、ただ会いたいだけで来ていたりというのがほとんどで、途中でお断りしてトラブルになることが多くて大変でした。党からは、私の場合は準備の仕方から何から何までレクチャーしてもらい、ポスター貼りの応援等も来てくれたのですが、毎日ではないですし、そもそも党としての人員不足は否めないと思います。

闘い方としては演説がメインでした。街頭演説は、選挙期間前の一二月くらいからぽつぽつと始めました。スピーカーを買ったのも一一月あたりだったかな。党からは、とにかくはじめはチラシなどなくてもいいから一人ででも立って演説しろと言われて（笑）。赤羽は飲み屋街で、今は客引き行為禁止の条例ができ規制もありますが、当時はお店の看板を持って立っている女の子たちも多く、そこに混ざって演説をしていたので、変な声のかけられ方をしたこともありました。「どこのお店の子？（チラシを見て）なんだ違うのか」などと言われることも日常茶飯事でした。

区割りもされていて大きな選挙でもないし、選挙カーは政策としてもNO選挙カーでいきたかったのと、予算のこともあって使いませんでした。

演説は、最初は朝と夜一時間ずつくらいだったんですが、二月の後半くらいからはアドレナリンが出まくって（笑）、朝三時間やって昼は戸別訪問にまわって[10]夜も三、四時間演説する、みたいな。ポ

10　戸別訪問は公職選挙法により禁止されているが、政治活動によるものは認められている。公示（告示）後は政治活動としても禁止。二〇一九年春の統一地方選の公示日は三月二一日であった。

スター貼りに関しては、一〇〇枚分近くパートナーが一人で回ってくれました。
朝も夜も駅頭にいたので、通勤中の方に「もしかして朝からずっといるの？」と驚かれたこともありました。朝の五時から駅に立って演説をずっとしていると寒いので重ね着をして、最終的にはスキーウェアを着てやっていたら、「北海道出身じゃないの？」と茶化されたりもしましたが（笑）。

スキーウェアにジーパンで街宣を行う、うすい（本人提供）。

――たしかに、駅頭演説でスキーウェアを着ている政治家の方というのは読者の方のイメージにないかもしれませんね。駅頭ではどんなことをアピールされていたんですか？

うすい　スキーウェアも着たし、ジーパンでも活動していました。体を冷やしたくないし、何を着て演説してもいいでしょ、これが動きやすいんだもん、と思ってやっていました。

訴えてきたのは、女性やＬＧＢＴＱ、外国籍などマイノリティの声を政治に届けたいということがメインでした。当時二八歳だったので、北区議会に二〇代の女性がいないこと、若い世代の声を届けたいということ、北区議会のなかでの議員の多様性の少なさも強く訴えました。さらに介護離職や就職時の困難もあったので、社会のレールからはじかれた人など、声を政治に届けることすらできない人の声を届けることを一貫して訴え続けました。

――ライバルとなる候補者はどんなことをしていましたか？

うすい　赤羽駅には新人候補者が乱立していた状態でしたし、そもそも朝の演説も場所取りがすごく大変でした。何期も重ねている人は、後から来て我が物顔、ということも。「私がいる間はマイク使わないで」と言われたこともありました。そういう方には代々続く後援会があったりして、場所取りなんかも後援会の人がやって、後から本人登場というパターンが多かったです。しかも、マイクを使わず挨拶活動だけして、演説はしないスタイル。「マイク使わないなら私が使ってもいいじゃん！」と思いましたが、仕方がないので、その人の脇でチラシを一生懸命配ったりしました。

――SNSはどうでしたか？

うすい　一月くらいから、フェイスブック、インスタグラム、ツイッターを始めました。ツイッターはやらなくてもいいのではと言われたんですが、匿名性が高いこともあってかLGBTQのコミュニティでもよく利用されるツールなので、ツイッターは大事にしたいと思っていました。

苦手な写真もなるべく撮るようにしてアップしていました。最初の頃は立つ時間を告知する形でやっていたんですが、わざわざ北区外から写真を撮ったり握手を何度もしに来る人も出てきてしまったので、事後報告の形でやらざるを得なくなりました。他には公式LINEも開設してみたんですが、こちらも登録者は男性ばかりで来るのも大半が「恋人はいますか」、「好きです」など政策や相談と一切関係ない変なLINEばかりということもありました。

●選挙カーから見える世界

――よださんはまさにいま選挙戦真っ最中です。これまでに様々な選挙を経験されていますが、どんな風に闘っていらっしゃいますか？

よだ　私はうすいさんに似ていて演説重視です。新宿区議選の時は、朝は駅、お昼間はポスター活動等を行い、夕方はスーパーの前に立ち続けて当選しました。

とにかく人前に出て行く感じです。特に選挙カーが大好きでフル活用しています。「学生たち～！恋するのよ～！」とか言って（笑）。大久保通というコリアンタウンは選挙カーにとって絶好のスポットなので、走行しながら「ようこそ新宿区へ！」と声をかけると、皆さん路上からわーっと手を振ってくれて盛り上がります。

あと、元々やっているSNSもフル活用しています。今の区長選でも、街頭演説をライブ配信して、アーカイブ視聴して頂くためにSNSで拡散したり。

舞台装置のように街宣場所を彩る“ど派手選挙カー”と、よだ（本人提供）。

——皆さん得意分野での戦い方があるんですね。よださんが「選挙カー大好き」な理由をもう少し詳しく教えてください。

よだ　選挙カーはとにかくみんなが見てくれる！　楽しい！　手を振ってくれる人がいると車から降りてその方めがけてダッシュして行くのですが、私のチームではこのことを狩りに例えて「捕獲」と呼んでいます。

一同　（笑）。

よだ　逃さないわよ！　って（笑）。でもそうやって会いに行くと、嬉しくて泣いて下さる方もいて、そうした交流も幸せです。

直接お話することで見えてくるものもあります。新宿区議選に出た時、最初は新宿で始まったデモ規制の問題点を訴えていたのですが、あまり関心をもって頂けませんでした。私がデモのことを一生懸命話していても、「そうだよね、ＬＧＢＴの人も大変だよね」と言われたりして。だけど、それが私に求められていることなんだなとも思いました。そういう場では、「議会に行って私たちの声を代弁してほしい」と、生きづらさを抱えた人からの声をもらうことも多かったです。生きづらさといっても性的少数者だけでなく、見た目ではわからない病気や障害をもった方、おひとり様、結婚したけれどお子さんに恵まれなかったという方など、いろんな方がいらっしゃいました。

選挙カーに乗って目立つことで、そういう生の声に触れることができるし、有権者のニーズもわかる。だから選挙カーにはものすごくこだわっています。

うすい　選挙カーは国政の場面で乗ることが多い印象です。私も夏の参議院議員選挙では共産党さんの選挙カーに乗ることがあったんですが、乗る場所やマイク持つ人が交代制で決まっているなど党の違いを感じたりして面白かったです。選挙カー自体も、候補者の方がオリジナリティを出したデコレーションをしていたり。

ママチャリに本人旗を差して走る山田（本人提供）。

よだ　私も自分の選挙カーは、レインボーハートのハートの位置など細部までこだわりました。逆にお聞きしたいのですが、皆さんは選挙カーなしでどうやって闘っているのでしょうか？

うすい　私は自転車です。スピーカーを乗せて、マイクでしゃべりながら自分で押します。応援に来てくれる人が多い土日なんかに、自分の前後を行く友達には旗を持ってもらって、チラシも配りながらみんなで一列になって練り歩く、「桃太郎」と呼ばれるやり方をしています。

スピーカーや旗も家から持って行くので、朝のラッシュの電車では「すいません」など言いながら身を縮めています。

山田　私も自転車の後ろに「本人旗」を差して乗っていました。選挙期間中はしょうがないからそのままスーパーも行ったし、朝六時頃に駅まで走って行ったり。「本人」って書いてある旗を掲げた自転車に、まさに本人が乗ってます！　みたいな（笑）。

一期目の時からこのスタイルです。当時は私自身も子育て中ということもあって選挙カーに対する反発もあって……。ただ、新宿みたいな場合は選挙カーのほうがいいと思います。私の場合は、越谷市内を同じ党所属の仲間と区割りしているので、自転車でも回れる範囲なんです。

よだ　電動ですか？

山田　普通のママチャリです（笑）。

うすい　すご〜い！

山田　かれんさんと同じで、みんなが見てくれるなか、道のど真ん中で大きな声でしゃべることの気持ちよさといったらない、というのはみんな同じだと思います。モヤモヤを発信して、それが仕事になる、しかも聞いてくれてる！っていう（笑）。

よだ　社会課題を仕事で叫べるって最高だよね。

うすい　わかります！　それまで趣味で発信していたことをね。

よだ　若い子たちみんなやったほうがいいよって思う。

うすい　自己肯定感あがるかもしれない。

よだ　私は普段の議会も、「ここは私のステージなんだ」と思って立っています。芸能界で成功できなかったという経験もあるので、ここにはスポットライトがある！　これで食べているんだ、私！　って。もちろん、みんながそういうことをできるタイプではないですよね。ある時支援者の方に、自分はそういうタイプではないから、あなたみたいな人に託してるんだって言われたことがありました。そうやって「推しメン」を見つけて支えるという形もあるし、色々な形での政治参画があるんだと思ってます。いま流行りの「推し活」だと思えれば政治も身近になりますよね。

●家族のこと、お金のこと

――皆さんは立候補にあたって、ご家族に反対されるようなことはありませんでしたか？

うすい　私は反対されませんでした。母なんかはむしろノリノリで、「やればいいじゃん」という感じ。私の名前が決まった時に、祖父が「選挙に出た時は、誰でも書ける覚えやすい名前がいいんだ」とポツリと言ったという話まであります。

あと、パートナーのことでいえば、同性同士なので男女のカップルよりよかった点もあります。女性の方で、「子育てはどうするんだ」というようなことをパートナーに言われて立候補をあきらめたという方がよくいらっしゃいますが、うちのパートナーは最初こそ少し反対しましたが、本人さながらに一緒に闘ってくれました。パートナーに場所取りを頼んでいて、行ってみたら演説までしてくれていたこともあったり。最終日に彼女の演説を聞いていたおばあちゃんたち三人くらいが感動して、演説している彼女自身も感極まって泣いていて（笑）。私が到着してから、「本人じゃなかったの？」と言われました。ポスターもほとんどパートナーが貼ってくれて、二人三脚の選挙でした。選挙って、一人でできなくもないと思いますが、やはり誰かしら一緒にやってくれる人が必要だなと感じました。

――よださんはいかがでしたか？

よだ　私は三〇年一緒に暮らしているパートナーがいるんですが、一心同体の関係なので、朝の街宣から全部一緒に闘いました。ただ、母には「何言ってるの、やめときなさい」と言われました。親族にも政治家なんかいないし、「そんなことできるわけない」と。

国政に出ると言った時も腰を抜かしていたのですが、全国の親族や友人に一生懸命連絡してくれて、「あんたのおかげで何十年ぶりかの連絡がとれてよかった」とも言ってくれました。

今回の区長選も、「区長になれるわけないでしょ、身ぐるみはがされるわよ」と言われています。やっぱりお金がかかるイメージがすごくあるみたいで。

――実際、お金の問題はどうなんでしょうか？　後援会や党との関係はいかがですか？

よだ　お金はかかると思います。ですが、費用を負担してでも出て欲しいと思われる人材であれば、党から支援があるはずです。政党の側から、お金のことは心配しないでいいから立候補して欲しいと要請して頂ける人材であろうと日々精進しています。

山田 いいですいいですって言っちゃいそうなところを、すごく難しいことだと思います。

よだ 以前から感じていることですが、女性の皆さん自己肯定感というか自己評価が低くて、「私なんて」と言う人が多い。「家のことちゃんとやって」と言われたって、「何言ってんの」と言えればいいけど、やっぱり言いづらい。それは社会のなかで女性が抑圧されてきた結果だと思うんだけど、だからこそ、女子たちみんな気づいて〜！ すごい才能あるんだよ！ 立ち上がろうよ！ って思ってます。だって、そうやって家から出られなかった人がいるって、日本社会の大損失です。日本中でそういうことが起きている結果、三〇年間給料も下がり続けているし、不況から脱却できていない。そろそろ、そうしたことを分かろうとしない人びとにはご退場頂いて、女性陣やＬＧＢＴＱピーポーの能力を存分に活かさなければいけません。

――よださんは今日もレインボーカラーのマスクでご登場されましたが、政治家としての見せ方にも皆さん色々な工夫のされ方があると思います。

うすい 私も政治活動をしている時はレインボーマスクをしていったり、ポスターにも虹のマーク入れていたりします。ただし、私は今でこそオープンにお話していますが、二〇一九年に立候補した時には、自分がＬＧＢＴＱ当事者であることは明かしていませんでした。ＬＧＢＴＱ当事者で仲の良かった友人に、「ＬＧＢＴＱであることをアピールして選挙に出るなんてどうなの」とめちゃくちゃ言われて、結構ショックを受けまして。のちのち考え方も変わるんですが、当事者性を出して選挙に出ることで「売りにしてる」と思われることに、当時とてもショックを受けました。党は、あなたの意思を尊重するけど、もちろん言っていくことにもウェルカムでしたが、結局（自分が当事者であることは）言わずに闘いました。

ただし見せ方という意味では、ホームページとか見れば活動の経歴が載っているし、レインボーもつけてるし、当事者の方は「ぽいな」と思ってくれていたのかもしれません。駅で活動していても、「僕実はゲイで」とか「私たちレズビアンカップルで……」と声をかけていただくことも多かったです。

私はレズビアンなんですが、公表する機会を逃してきて。選挙の時も、当事者ではない人にはヘテロに見られることも多かったです。当選後も、役所の人にカミングアウトする機会を逃してしまって。

よだ　私も知らなかった。アライ[11]の方なのかと思っていました。

山田　それはそれで、おつらい経験はなかったですか？

うすい　大学までは逆にフルオープンだったので、社会に出てからクローズして、ギャップは感じました。あらゆる場で、当事者がいない前提で話されていると感じることも多く、職員さんとかがポ

11　アライ（Ally＝同盟、味方という意味）は、ＬＧＢＴＱを積極的に支援する人のことを指し、区別は厳密ではないものの、ＬＧＢＴＱ差別や不平等の解消、権利擁護のために共に動いてくれるような人、ＬＧＢＴＱフレンドリーよりももっと強力な味方というニュアンスの言葉。

ロっという一言に傷ついたり。だけど、両方の立場を経験できたのはよかったです。

――うすいさんは来年三月に出産予定を控えていらっしゃいます。その後、四月の選挙にも出るご予定とのことですが、これも新しいことですね。

うすい　今、シングルの女性は第三者提供の精子を受けての生殖補助医療を受けられなくなるかもしれないという法改正の流れがあって、予定より前倒しで妊活を始めました。結婚しないでレズビアンで双子を産む、最初の議員になるだろうなと思っています。

議会に入ってびっくりしたんですが、二〇一五年までは議員の休みは事故扱いでしかなくて。それはおかしいんじゃないかと議会事務局に質問をしたりして出産も加わり、二〇二一年からは国の通達もあって育児や介護、看護も欠席事由に追加されました。出産後すぐに選挙に出ることもあわせて、何もかもが初めてのロールモデルになると思います。事前にチラシを配ったりＳＮＳでの発信しかできないので、新しいスタイルの選挙戦になるかなと思います。

よだ　これは日本を変えますね。レズビアンのカップルの方で、お子さんを第三者の精子提供で授かった方々が実はたくさんいらっしゃって、周囲からの理解を得るのに苦労されている方も多いと伺っています。そういう方たちの希望や道しるべになると思います。

山田　同じ立場の議員さんがいるってすごく心強いことだと思います。

座談会当日の様子（左から、よだ、山田、うすい）。

● そのままのあなたで

――最後に、これから政治家を目指す女性に対して、こんな経験をしておくといいというアドバイスやメッセージをお願いします。

山田　地方議員って子育て中の女性にも向いている仕事だと思います。タイムマネジメントを自分でできるので。参観日とか学校行事も、議会がなければやりくりもできますし、地域活動にかかわることも議員活動にプラスになります。だからどんどん挑戦してほしいと思っています。

うすい　男性議員のなかには、議員になること自体が目的化している方が多い印象があります。でも女性の場合、こんなに女が生きるのが大変なこの社会で議員を目指そうというのは、社会課題を沢山経験してきたということだと思います。私もそうでしたが、「これは社会のほうを変えないと、この先何十年日本で生きていくの大変だな、しんどいな」という思いがあって出てると思うので、その思いを大切にしてほしいです。

男性ばかりの議会でどう立ち回ろうとか考えなくてよくて、むしろ染まらない努力を一緒に頑張りましょうって言いたい。どうにかしたいという社会課題を見つけているだけで十分だと思うし、一緒に連帯しましょうと言いたいです。

よだ　私も本当に、そのままでいてほしい。普通の感覚をずっともっていてほしいと思います。政治家になるために変な政治家像に近づく必要はなくて、政治とは関係ないと思っていた場所で生きてきたという感覚、そこで培ってきた経験というのがとっても大切だと思います。そのままの感覚で入ってきてもらって、「それおかしいですよ」と指摘してもらえればいい。だからまさにいま、そのままのあなたが政治家に求められてるんだよ、とお伝えしたいですね。

インタビュー

民主主義への責任を果たす

二〇二二年一〇月六日実施 ※肩書は当時
聞き手＝花伝社編集部

打越さく良（うちこし・さくら）参議院議員、立憲民主党所属。一九六八年一月北海道生まれ。東京大学教養学部及び教育学部卒業。東京大学大学院教育学研究科博士課程中途退学。二〇〇〇年弁護士登録（第二東京弁護士会）。二〇一九年新潟県弁護士会に登録替え。医学部入試における女性差別対策弁護団共同代表、第一次夫婦別姓訴訟弁護団事務局長、児童相談所嘱託弁護士等を務めてきた。

●「不断の努力」のために

――二〇一九年の参議院選挙で新潟県選挙区から立候補されるまで、弁護士としてご活躍でした。

打越　大学を卒業後、当初は教育の分野で研究の道に進もうとしていました。だけどもっと実務的なところで女性や子どもの役に立つことがやりたいと思うようになり、進路をスイッチして弁護士の道に進みました。ＤＶ（ドメスティック・バイオレンス）やヘイトスピーチの被害者、難民認定が通らなかった人びとなどの人権擁護に力を注いできました。児童相談所の嘱託弁護士として虐待問題にも関わり、弁護士こそが天職だと思っていました。

——近年では選択的夫婦別姓[1]や医学部不正入試問題[2]の裁判が象徴的でしたが、弁護士として社会を変えようとされていた姿が印象に残っています。

打越　選択的夫婦別姓については榊原富士子[3]さんの事務所でお世話になったことがきっかけでした。彼女の元には、夫婦別姓が認められずに困っている人がたくさん来ていたので。榊原さんは政治家の事務所まで臆せず行って「何とかしてくださいよ」と言うのが当たり前、という方でした。おかげで私自身、自然体で足を向けるようになりました。「霞が関まで行くならついでに議員会館にも行こうか」と。日弁連の「両性の平等に関する委員会」に入っていた

インタビュー当日の様子。

1　二〇一一年から二〇一五年まで第一次夫婦別姓訴訟弁護団事務局長を務めた。
2　二〇一八年、角田由紀子氏とともに弁護団の共同代表を務めた。
3　一九八一年より弁護士（東京弁護士会所属）。さかきばら法律事務所。婚外子相続差別訴訟、子どもの住民票や戸籍の続柄差別違憲訴訟などを担当。離婚と子どもに関するケースを多く扱う。

ので、その関係でもロビーイングすることが増えました。何より日々向き合っていたDVや虐待の問題は、その根底に家族のなかの不平等や差別という構造の問題があると思っていたので、社会のほうを変える必要性は常々感じていました。

――弁護士から政治家へ、転身の契機はどこにあったのでしょうか。男性の与党議員が現職という厳しい選挙戦が予想される地に飛び込んだ、当時の思いを教えてください。

打越 ロビー活動をしながら、国会議員に「口だけだな」と失望することもありました。憲法一二条の「不断の努力」[4]してないじゃん、と。ある日「ではあなたがやってみれば」と言われて、自分にもこの「不断の努力」が求められているのであれば、断るわけにはいかないと思ったんです。

いざやってみると、たとえば弁護士としての講演会と政治家としての演説ってまったくちがうわけです。講演会なら無表情のまま早口でいいけど、政治家としては一挙手一投足に気を遣って笑顔でいて、色んな批判を一身に受けなきゃいけない。だけどそういうことを「嫌だな」と怯んでいたら民主主義は成り立たないなと思いました。「政治には女性の視点が足りない」と散々言ってきて、そうした問題意識があって、いま仕事をやめてもすぐに飢えて死ぬわけでもない人間が、怖気づいて「いやあ、私は弁護士でいいんですよ」とか言うのは逃げだな、と思ったんです。

4 「この憲法が国民に保障する自由及び権利は、国民の不断の努力によつて、これを保持しなければならない。又、国民は、これを濫用してはならないのであつて、常に公共の福祉のためにこれを利用する責任を負ふ。」

もちろん収入は途絶えて大変だったけど、これまでに出会ってきた理不尽な目に遭いながらも声をあげられないという人たちを代弁できるなら、やりがいがあるとも思いました。在日コリアンの人たちに「自分たちには被選挙権がないけど、あなたにはある」と言われたのも大きかった。安穏と政治をやってる、個人の尊重なんて考えたこともない政治家を一人ひとり打倒していかないと、いつまでたっても世の中のはずれにいる困難な状況にある人たちのための政治は実現しない、気づいた人がやらなきゃ、そうする責任が自分にはあるのだ、と思いました。

――「不断の努力」というお言葉には、「仕方なく」「追い詰められて」というような消極的なニュアンスもあるのでしょうか。

打越　いやいや。ポジションや名声のためではなく、民主政を不断に維持「したい」というポジティブなイメージでとらえています。私は女性の活躍という時の「活躍」という言葉にはごまかしを感じてあまり好きではないです。私自身はもしかしたら自己犠牲や献身が好きなのかもしれません（笑）。そうやって民主政のために責任を果たすのが自分の生きざまだと思っています。

――選挙では、特に若い女性を中心に支持を集めました。[5] 一方、実際の選挙現場では男性の姿が目立っていたように思うのですが……。

打越　そうですね、選挙の応援や集会には、中高年の男性がずらりと来てくださった印象です。女性もいるけど、なかなか少ない。だけどそういったことはあくまで「見えている部分」の話で、蓋を開けてみるとご指摘のように女性に支持していただいた。

街頭で演説をしている時にはスルーしていても、あとからフェイスブックやメールを通じて、学費も払えずキャバクラで働いているという方や、非正規雇用で苦労しているという方からメッセージをもらったりして、届けたい層にちゃんと届いたのだと実感していました。特に、ハコモノの集会に来られない、家でケア役割を負っているような方にも伝わったのは嬉しかったです。

――女性たちがもっと政治力を発揮するにはどうしたらいいでしょうか。

打越　正直言えば、「あなたも出てよ」と言いたくなる女性はたくさんいます。そもそも大変な状況にある人には自己犠牲を強いたくないけど、安定したポジションにいる人が「『色付き』になりたく

5　朝日新聞が投開票日に行った出口調査によると、男性で「打越氏に投票した」と答えたのは半数未満だったのに対し、女性では五四%に上った。年代別でみても、二〇代で打越氏に投票したと答えた男性が三二%なのに対し、女性は倍の六四%。三〇代は男性三四%、女性五六%、四〇代は男性四三%、女性五六%だった（『朝日新聞デジタル』「激戦の１人区で競り勝った女性候補たち　押し上げげた票は」二〇一九年七月二八日配信記事）。

ないから」と応援マイクすら握らないのを見ていると萎えちゃう。「私はやったよ！　あなたも来て！」と思っています。

とはいえいきなり立候補するのは一足飛びだし、私も向こう見ずだったなと（笑）。だけど、たとえば選挙の時にちょっと関わってみるだけでも見える世界は変わるはずです。私も二〇一七年に立憲民主党ができた時には当時の地元候補者をめちゃくちゃ応援しに行きました。初めての経験でしたが、お祭りのような日々のなかで、応援する人もされる人も生身の人間なんだなと実感しました。

●政治のリアリティと祭り

——祭り、というのがキーワードですね。

打越　実は政治家に転身する前、我が子の中学校でＰＴＡ会長をやったんですが、それは政治のリアリティを掴むにあたって重要な経験でした。保護者同士だけではなくてＰＴＡ会長同士やＰＴＡ連合会でのつながりや出会いもあって、とにかくいろんな人とお祭りみたいに一つのことをつくりあげていくわけです。そこにはもちろん自民党支持者の人もいました。地元の選挙にもすごくイキイキ取り組む方々です。彼らは「お世話になってるから」みたいな理由で票を入れることもあるけど、一方でそれぞれの人生に立脚した考えをもっていて、支持政党にもどこかに批判的な気持ちがあったりするのだとわかりました。

それまでは自民党支持の人に対して何を考えているかわからない「のっぺらぼう」の印象しかな

2019年の参院選にて、有権者と握手をする打越（本人提供）。

かったけど、みんな地元のノリを大事にして一生懸命にやる人たちだとわかったわけです。私が自分の意見をフェイスブックにアップしても、「よく頑張ってるね！」と「いいね」を押してくれたり（笑）。もちろん旧統一協会のこともあるからそれだけじゃないかもしれないけど、そういう方々が、「さく良ちゃんがそこまで言うなら今回はこっちに投票しようかな」と動く場面に出会ってきました。政治というのは理屈ではなく、多様な人びとの集積であって、動かしようのあるものなのだと実感した経験です。

——ＰＴＡ活動のなかでつかんだ「政治」というのは、選挙戦でも活きるものでしたか？

打越　とても活きたと思います。私は落下傘で新潟に入ったので、とにかく話をして、「頑張ってるからこの人を応援しよう」と政党関係なく思ってもらうことはすごく大事だと思うので。私としても偉そうに壇上に立って「リードします」と言う政治家よりも、人の痛みを聞き出して解決する政治家でありたいと思っています。こちらは弁護士の仕事も活きていますね。

何より、選挙戦はめちゃくちゃ楽しかったです。私が行く何十年も前から、民主主義のために勝っても負けても頑張ってる人たちがいて、「次の弾《たま》はこれ（打越）だ！」みたいな（笑）。「弾がなきゃ俺たちの戦は始まらない！」「弾がやっと来た！」と出迎えられて、私はいわばその「神輿」に乗らせていただきました。

私の場合、ばらまける利権なんて何もないから、そういうものなしに結ばれる絆があって、そこでドタバタと選挙をつくりあげていく感じは最高でした。選挙があるから長生きできるんだ、と言う方も新潟にはいっぱいいいましたよ。ちょっと前には「百姓一揆」とかやっていたに違いない、みたいな方々（笑）。選挙って、一人の力ではできないんですよ。

そして、たくさんの人たちのチームワークの中に入るのは大人の「部活」みたいでとても楽しいので、やっぱり女性にも加わってほしいです。パート帰りに事務所に寄るだけでもいいんです。もし候補者と意見が合わないことがあっても、交流するうちにお互い変化していくこともあります。「ここだけはだめだ」というところがあったっていい。それが民主主義の面白いところです。

こちらとしては、ほんの少しポスティングしてくださるとか、親戚に電話してくれるだけで最強なわけですよ。だから、特別な技能やお金がなくても大丈夫。「おじさんばかりの政治」に「興味なくて」とか「わからなくて」というのはよくわかります、だけど、関心のある個別のテーマがあれば、それにしたがって「推し」の議員を決めればいいんじゃないかなと思います。ぜひ仲間も連れてきてもらって、サークルをつくってもらえればいいなと思います。

――一緒に選挙をやりながら政治家自身が変わっていくこともありえるわけですね。

打越　政治家を動かすのって献金だけじゃないんですよ。選挙の時に電話かけしてくれた人が、困難女性の支援のためのヒアリング先を紹介してくれるようなこともあります。そういうパイプが生まれれば、こちらも現場を知るきっかけになります。そうやってあらゆる人脈や出会いが政治家を動かすので、旧統一協会の関係者だって、実際に選挙の場に入っていったことで政策に関係していないわけがないと思います。私も弁護士時代は夫婦別姓のことで議員からヒアリングに呼ばれたことがあったし、議員のほうも「この困りごとを誰に繋げたらいいんだろう」と人を探していることがある。そんな時に女性たちが「私がやります！」と手を挙げられるといいなと思いますね。

●「五〇」の前進を推す力

――政治家になってから実現された政策で印象深いものはありますか。

打越　たとえば困難女性支援法。[6]これまではＤＶ被害者などの困難を抱えた女性たちが避難しようという場合、旧売春防止法という「売春の恐れがある女性たちを補導して更生させるのだ」みたいな、すごく上から目線の枠組みを使うしかなかったんですね。それを、女性たちの福祉を考える法律に変えたものです。

6　困難な問題を抱える女性への支援に関する法律。困難を抱える女性への公的支援を売春防止法の「更生」から切り離し、実生活に寄り添った包括的な支援を目指す。超党派の議員立法で二〇二二年五月に成立。

法案が通ったのはよかったけど、立憲民主党側が提示していた「個人を尊重する」というような前文を入れることはできませんでした。超党派の議員立法だから、幅広く賛成してもらわなきゃいけなかったので。だけどそのあたりは、「教育及び啓発」を謳った第一六条に[7]「かけがえのない個人」という言葉をスルリと入れ込みました（笑）。支援現場の方々にも「画期的だ」と言っていただき、不充分ではあるけれど、一つ前進したなと思えました。

インタビュー当日の様子。

——ジェンダー政策を進めるうえでの難しさはありますか？

打越　ジェンダー問題については、少しでもエッジがきいていてラディカルで挑戦的な……「わきまえない女」であればあるほど正論が通じない部分はあると思います。これは与野党関係ありません。あんまり正しいことを言っても通らないなら、その場の議論を否定しすぎることなく、さっきお話したようにこっそりと言葉の修正を入れたりし

7　「国及び地方公共団体は、自己がかけがえのない個人であることについての意識の涵《かん》養に資する教育及び啓発を含め、女性が困難な問題を抱えた場合にこの法律に基づく支援を適切に受けることができるようにするための教育及び啓発に努めるものとする。」

ています。それも「政治」だと思うので。
「これが私の手柄だ」といわんばかりに「こんな文言を入れたい」と目立って、結果何も達成されないのではただの失敗です。「これは打越さんがやり遂げました」と言われなくても、あるいはどこの党が実現したことになっても、人びとのために一つでも前進があればいいと思っています。だからあんまり喧嘩は売らないし、超党派なら与党をたてて静かにしています（笑）。

――政治の世界は男性社会なので、そもそも問題化されないということもあると思います。

打越　そういう時は、闘えるタイミングをしたたかに待ち続けます。世論が高まった時なんかにスッと出せるように準備しておく。「私は良いアイディアをもってるのに。わからずやばかり！」なんて言ってても、ますます周囲は遠ざかるので。これもしんどいことではなく、政治の面白さの一つです。
周辺に置かれがちな女性だからこそ持ちうる想像力というのがありますよね。官僚の方とディスカッションをする場に一人でも女性がいれば違う視点を入れ込めることだってある。既存の当たり前を負担に思う人がいるし、それはマジョリティとして生きてきたら気づけないことだから、「ここに不都合がありますよ」とそもそも言いやすい女性の立場を活かしたいですね。

――弁護士時代とは違う、政治家ならではの闘い方や面白さというのがあるんですね。

打越　政治の世界では、「（目指していた）一〇〇に及ばず五〇にとどまる」ようなことがよくあります。それを妥協だと糾弾する人もいますが、「ゼロよりよくないですか？」と思うわけです。もし私が弁護士会側で会長声明を書けと言われたら「一〇〇じゃなかった」と批判するかもしれませんが、今は「五〇」を推す力が重要だと思っています。それが弁護士と政治家の違いですね。もちろん最終的には一〇〇を目指していくわけですが、「五〇の前進」でも進めるのが政治です。

あとはやっぱり法律のこと。弁護士の時は既存の制度や法律の枠組み内で目の前の人を救済しようとしていたわけだけど、もちろん限界がある。また、選択的夫婦別姓など法改正を要する課題は、弁護士時代に裁判までもっていったけど、最高裁で「立法府がお決めになることだ」と言われてしまっていました。その立法府の一員となった以上、粘り強く頑張ります。いまは会ったこともない全国各地のさまざまな人たちに手当できる制度や法をつくるわけで、やりがいがあります。

あと、「予算の優先順位がおかしい」とか「もっと柔軟な運用を」とか、皆さんの具体的な声を届けられるのも国会議員ならではですね。県の問題であっても国の省庁を通せば解決することもあるし、すでに国が用意した事業でも地元に周知されていないものをパイプ役になって橋渡ししたり、「あれはどうなったのか」と国の側に確認をとるだけでも事が進んでいくものです。

――野党政治家としてはいかがでしょうか。

打越　野党が出した法案って与党もよく見ていて、後からちょっとつまみ食いしたようなものが出されることもよくあるわけだから、何だってやる意味があると思っています。日の目を見ない議員立法は死屍累々とあるわけだけど（笑）、それが活きる日がちゃんと来る。
もちろん取りつく島もなくてなんの修正もなされないまま重要な法案が通ってしまうこともあるし、そういう時はとても悔しいです。だけど、検察庁法改正とか入管法改正とか、マジョリティは飛びつかないと思われているようなテーマでも世論が反応すれば状況は変わります。たとえば大学入試への英語民間テストの導入問題なんか、最初は野党内ですら数人しか関心がなかったのを、高校生が文科省前で抗議を始めたらメディアも関心をもって、文科省への追及の場やヒアリングにもどんどん人が増えて、与党内にも反対する人が出てきて。そこには「うねり」を感じたし、数の力では負けていても世論とのコラボで越えられる壁もあると実感しました。
そういう国会の内と外とのダイナミズムがあって、たとえば金曜日には「採決は月曜日だ」と内閣委員会が勢い込んでいても、土曜日の新聞の世論調査で反対が多いとわかると、次の週には「急がなくていい」としぼんだりする（笑）。こちらも国会の外で意見を言ってくれたほうが元気になります。

――今後はどんなことに取り組んでいきたいですか。

打越　たとえばヘイトクライムの規制や、再審法の問題。[8]多くの人は景気とか物価高に関心がある

8　誤判により有罪の確定判決を受けたえん罪被害者を救済することを目的とする再審制度について、再審請求審における具体的審理の在り方が裁判所の裁量に委ねられていて、証拠開示の基準や手続は明確ではないことなどから、いわゆる「再審格差」が生じるといった問題が指摘されている。

と思うし、もちろんそこにも手当が必要です。しかし、ごく少数の人にしか関わらない問題でも、正義の観点からおかしいと思うことはやっていきたいです。

あとは大きなテーマとして、ケアの問題。介護とかもそうですが、誰かをケアするにあたって人生を大きく損なうのは苦しいことだから、そこは社会が手当すべきなんじゃないかと思っています。なんでもかんでも「家」の責任で、家族でなんとかしなさいということの限界がきていると感じます。今の政治は「あるべき家族像」を押しつけがちですが、ケア役割を押し付けられて犠牲になるのは女性ですから。家族のなかにいる一人ひとりを個人として尊重して支えることが必要だと思っています。とにかく、性別役割分業を前提にした世帯主義は打倒！　って感じですね（笑）。

――政治家を目指す女性にメッセージをお願いします。

打越　素晴らしく尊いお考えだと思います。今日お話しながら気づいたんですが、私にとっての選挙は「決死の覚悟」で挑むものというより、とても愉快なものでした。民主主義について考えてる人が地域にこれだけいる、捨てたものではないなって前向きになれた。私は飛び込んでよかったです。ぜひ、あなたもやってみてください。

第２章
女性政治家が山を動かす

第2章◆解説

この章のテーマは「女性政治家が山を動かす」です。

「山が動いた」というのは、一九八九年の参議院選挙で土井たか子さん率いる社会党が圧勝したときに、土井さんの口から出た言葉としてあまりに有名です。その後、一九九三年には自民党が下野し、一九五五年から続いてきた自民党一党優位体制に終止符が打たれました。一九九〇年代には女性議員も増え続け、ジェンダー平等に関する法律も相次ぐなど、女性の政治参画は順調に進むかのように見えたのですが、二〇〇〇年代以降はバックラッシュの動きが強まり、停滞も目立つようになってきます。なぜこの歴史を振り返るのかというと、土井さんが政界に残した足跡が今もなお見えてくるからです。本章に登場する三人の国会議員には、土井さんの存在が違った意味で大きく影響を与えています。

福島みずほさんと辻元清美さんは「土井チルドレン」とでもいうべき存在で、土井さんに誘われて立候補を決意しています。福島さんはもちろん、辻元さんも当初は社民党という同じ政党に属していました。自民党に所属する野田聖子さんが国会議員に初当選するのは一九九三年ですが、それまで自民党の衆議院議員に女性が一三年間ひとりもいなかったことから、「自民党からも女性議員を」をスローガンに掲げての立候補でした。女性を擁立して躍進した社会党に対して、党勢を回復させたい自民党が女性登用に熱心になっていったのも、土井さんのレガシーでしょう。

この三人は現職の女性国会議員のなかでも議員歴がもっとも長く、大臣や国会対策委員長などの要職を歴任しています。男性ばかりの永田町政治でどうやって生き延び、それぞれどんな「山」を動かしてきたのでしょうか?

もう一人登場するのは、就任してまだ一年も経っていない杉並区長の岸本聡子さんです。杉並の女性たちを中心とする草の根の運動のなかから担ぎ出され、わずかの票差でしたが勝利を収めた彼女は、日本中に新しい風を吹かせているといっても過言ではないでしょう。選挙直前までヨーロッパに居住し、日本の選挙文化にまったく馴染みがなく、新しい選挙スタイルと参加型民主主義を開拓しています。就任一年未満の現在は、山を動かす前に、動かない山がどんなものであるのかを手探りしている状況かと思いますが、この時点での思いを聞いてみました。

アウトサイダーと政治信念

主義主張も所属政党もそれぞれ異なる四人ですが、共通するのはアウトサイダーであることです。野田さんは政治家の家系出身の議員ではありますが、男性ばかりの自民党にあっては、女性というだけでアウトサイダーです。もっとも、この状況はほかの政党においても、程度の差はあれ基本的には同じです。リベラルなことを言っているはずの政党も、女性の扱いとなるとがっかりさせられることが多いのが実情です。セクハラはイデオロギーと関係なく、右の政党でも左の政党でも起きています。

アウトサイダーであることは一見不利なようにも見えますが、それを強みに独自の領域を開拓することを可能にするものでもあります。男社会のなかで女性が主導権を取るといっても、所詮限りがあります。男性権力者に好かれるよう振る舞って登用されるのを待つよりも、アウトサイダーとして開き直って言いたいことを言う、という道もあるわけです。少数派であっても、「知恵を絞って戦略を立てて周囲と力をあわせれば成果がきちんと出る」(福島)のも政治の面白さです。とくに今は女性にとっては時代が味方をしていますから、「女性」の代表であることを隠さず表明することが、かえって政治力を獲得できる局面もあります。

それにしても、国会議員の三人に共通するのが「造反」の経験があるというのも興味深い点です。日本の党議拘束は世界一といわれるぐらい強く、造反議員には制裁が課せられるため、簡単にできることではありません。政治信念の中身は違いますが、党や政権の方針に逆らって自分の信じるところに従って行動したのも、アウトサイダーであるがゆえの気風のよさといえるのかもしれません。

政治のフェミナイゼーション

岸本さんは「政治のフェミナイゼーション」を目指すとおっしゃっていますが、私自身とても共感します。男性政治のルールを踏襲するだけであれば、女性政治家が増えることの意味は大きく損なわれてしまうからです。ケアワークをしない女性はほとんどいないので、「ケアに関わる女性の視点こそ政治の場で活きるべき」(岸本)という言葉に共鳴する女性政治家は多いと思います。ここでのケアワークは子育てや介護にとどまるものではなく、未婚・非婚であったり子どもがいなくても、社会や組織のなかで男性の気分を害さないように振る舞ってしまったり、後輩へのきめ細やかな気遣いを期待されたりといったことを含みます。

政治のフェミナイゼーションに先鞭をつけたひとりが土井たか子さんでした。彼女の心意気は福島さんを通じて、若い世代へと引き継がれていることが本章からも見えてきます。さらには、「(永田町の)変化として一番大きなのは、やっぱり子どもを産めるようになったこと」(野田)とあるように、これもまた政治のフェミナイゼーションによる変化のひとつです。

もっと政治のフェミナイゼーションを進めるには、ケアの視点を大切にする政治家を増やすことが不可欠です。子育ての責任があることで選挙や政治活動に制約が生まれてしまう一方で(詳しくは第4章でみていきます)、ケアの経験は彼女たちが政治を志す動機となり、またケアの視点から政策を提言する際には発言に説得力を与えるものでもあります。「政治って生活と密着しているわけだから、(専門性に加えて)女性はダブルに力が発揮できるんじゃないか」(辻元)というわけです。

ケア視点をもった女性議員たちがシスターフッドでつながり、政策を変えたことは第3章でも語られます。こうして、政治のフェミナイゼーションはケアに溢れた社会の形成につながっていくのです。

対談

ガチンコと超党派のダイナミズム

二〇二二年一一月一四日実施　※肩書は当時
聞き手＝三浦まり

辻元清美（つじもと・きよみ）参議院議員、立憲民主党所属。一九六〇年、奈良県生まれ大阪育ち。早稲田大学在学中、ピースボートを創設し、一九九六年衆議院選挙にて初当選。NPO法、被災者生活再建支援法、男女共同参画基本法などの成立に尽力。衆議院議員（七期）、二〇〇九年国交副大臣、一一年首相補佐官、一七年女性初の国対（国会対策）委員長（野党第一党）等を歴任。二〇二一年衆議院選挙で落選するも、翌二二年の参議院選挙で、比例代表で当選。

野田聖子（のだ・せいこ）衆議院議員、自由民主党所属。一九六〇年、福岡県生まれ。岐阜県議を経て、九三年衆議院議員初当選。九八年、小渕内閣で郵政相に抜擢。福田改造内閣、麻生内閣で消費者行政推進担当相、内閣府特命担当相、第三次安倍改造内閣、第四次安倍内閣で総務相、女性活躍担当相、二〇二一年発足の岸田内閣で内閣府特命担当相（少子化対策・地方創生・男女共同参画）を歴任。

●清美ちゃんは「ほっこりした人」

――三〇年近くキャリアのあるお二人は、与党と野党で会派が違うとはいえとても仲の良い姿が印象的

対談当日の様子（左から辻元、野田）。

です。まずはお二人のご関係、お互いに尊敬しているところから伺ってもよろしいでしょうか。

辻元　聖子ちゃんの、弱い人に寄り添う力、そのために権力を使いたいと思っているところを尊敬しています。そういう路線で、自民党のなかでよくここまできたなと思うんだけど（笑）。

野田　清美ちゃんは、一途で純真。私はよく、なぜ自民党にいるのかって聞かれるんだけど、それは「ここにいるほうが仕事がはかどるから」という割り切りがあるからです。そのくらい、野党って正直しんどいんですよ。なってみるとわかるけど、官僚も周囲の関係組織の人も、与党でいる時より関わりが薄くなるし。そういう不利ななかでもチャレンジする彼女のガッツは、もう本当に尊敬しています。

ちなみに、世間の人は辻元清美が闘士で野田聖子がおっとりしているというイメージをお持ちだと思いますが、逆です

1　（みうら・まり）➡奥付を参照。

（笑）。彼女は、野党として仕事を成し遂げるためには鬼になるけど、本当はすごく「ほっこりした人」。すごく優しくて情のある人だから、一つの組織のなかではみんなのために役割を果たそうとされる。先日も、維新を支援している大物が「辻元清美さんを応援している」とおっしゃっていました（笑）。自民党の重鎮にもファンが多いし、党派を超えて愛される方です。

辻元　野党全般を見回しても、いろんな人がいるわけです。同じように自民党にもいろんな人がいて。ある意味、野党内で自分とかけ離れた人より、聖子ちゃんのほうが近い存在だなと思っています。この間総裁選に出た時も、彼女の言うことは私の考えていることとほとんど同じでした（笑）。

野田　あたり前のことを言っただけですよ。私は選挙の時にオール自民と闘って勝ったしがらみのない人間でもあるから、この人の顔を立ててこれは言わずにおこうというタブーがないんですよね。派閥にも入っていないからそうした慮りもなく、むしろ外からの意見を党内に入れていく立場で。

辻元　そこも似ていて。私は元社民党じゃない？　私の選挙区には民主党の候補者も共産党の候補者もいたし、そういう意味でいろんな業界に対してもインディペンデントな立場だし、派閥にも入っていない。

あと私も聖子ちゃんも超党派の活動に力を入れていて、政策を実現するためには他の党にも声をか

2　二〇〇五年、参議院で郵政民営化法案が否決されたことをうけ、小泉純一郎首相は衆議院を解散した。小泉首相は郵政民営化に反対した「造反議員」たちには総選挙での公認を与えず、逆に刺客候補を送り込んだ。野田聖子氏が立候補した岐阜一区には佐藤ゆかり氏が自民党公認候補として擁立された。

けて一緒にやっていく、そういう政治の仕事の仕方も似てると思う。やりたいことがあって、助けたい人がいるから、党の手柄争いに拘泥するんじゃなくて同じ思いを持ってる人と法案つくって、それから自分の党を説得すればいいという考え方だよね。

野田　田中真紀子さんが初当選した時、やっと自民党にも女性議員が誕生したということで、NGOで活動しているような女性たちが、女性ならではのさまざまな要望や自分たちが取り組んできたことを押し上げてきたんですね。それまでは「野党は一所懸命やってくれてるけど与党に受け皿がない」と言われていたわけですから。

そこで誕生したのが児童ポルノ解消法[3]で。私は当時一年生議員で力もなかったから、森山眞弓先生[4]にお願いして頭になってもらって、超党派で動いて実現しました。駆け出しだったので根回しが大変で。ポルノっていう言葉すら、「わいせつ」とか言われて法制局が認めてくれなかったり。

辻元　そうですね、女性が抱えるしんどさを解消する法律は、超党派の女性議員でつくってきた歴

3　児童買春、児童ポルノに係る行為等の規制及び処罰並びに児童の保護等に関する法律のこと。一九九六年、自民・社民・さきがけ三党の議員立法によって成立。

4　一九八九年、海部俊樹内閣で女性初の官房長官に起用され、一九九二年の宮澤喜一改造内閣では文相、二〇〇一年の小泉純一郎内閣では法相に就き、法相としては選択的夫婦別姓制度を導入する民法改正を目指した。官房長官時代には、大相撲の内閣総理大臣杯の授与に際して「土俵は女人禁制」として日本相撲協会から拒否されたことが話題となった。

史があります。私たちの大先輩、森山眞弓先生や赤松良子先生[5]がすごく苦労して、雇用機会均等法、男女共同参画社会基本法をつくってくださって。その道筋を引いて、児童ポルノ解消法もＤＶ防止法もできてきた。女性たちが「こんなことで声をあげていいのか」とためらってきたような声を、女性議員がひろってきたと思います。

●本心に従うのが一番強い

辻元　私が野田聖子っていう政治家を意識したのは郵政選挙の時。[6]あの時、私は辞職後にすごくしんどい三年間を送ってから政界復帰を決めたというタイミングで。私もすごく苦しい選挙だったわけですよ。だけど報道を見ると、野田聖子さんも一から出直す形で無所属での選挙をやっていて。初登院の日は、「お互いしんどかったけど勝ち残ったよね」と声をかけたくて、聖子ちゃんが来るのを待ってたの。そしたら、青いスーツを着て登場したのを覚えてる。そこから友情が深まったと思う。二人とも人生の荒波が多いほうだよね。とにかく平穏無事じゃないし、バッシングも多いわけ。だけどそういうタイプの議員は、人の痛みに対しても敏感になるんじゃないかなと思う。

5　細川護熙、羽田孜両内閣で文部大臣を務めた。労働省婦人少年局長時代、男女雇用機会均等法制定の中核となった。政治の分野への進出を目指す女性を資金面で援助する募金ネットワーク「WIN WIN（Women In New World, International Network）」の発起人・代表として二〇一二年に「クオータ制を推進する会（Qの会）」を発足。の

6　➡本書六八頁の注2を参照。

二〇〇五年の「郵政選挙」に挑む野田（本人提供）。

野田　その通りだと思います。だけど、たしかに私って「大変」らしいんだけど、全部自分で決めてきたことだから精神的には楽でした。自分の考えとは違うことをやるほうがしんどいんだよね。だから、村山さんの名前も書かなかったし。[7]

辻元　そうだったよね。

野田　結構きっちり造反してきてるんですよ、根が真面目なもので（笑）。政権に戻るためにはなりふり構わず根本的に考え方の違う人をトップにするだなんて、「えー」と思ったの。自分のクライアントである岐阜の支援者に説明できないな、できないことはやめよう、と（笑）。郵政の時も、自分が郵政大臣をした後で、やっていたことが嘘でしたとは言

7　一九九四年、当時野党だった自民党が社会党の村山富市氏を首班指名して連立政権を打ち立てた際、議員一年目だった野田氏は自民党を離党した海部氏に入れて謹慎となっている。

えないから反対した。

そういう人生だから、ごちゃごちゃしていて物理的にはいつも大変なんだけど、自分を裏切らないできたという意味ではシンプル。あなたもそうでしょ？

辻元　はい。私も一年目の時は自社さ政権だったのに首班指名で橋本龍太郎って書かずに土井たか子って書きました（笑）。あとは希望の党ができた時も[8]、私は一番に「行きません」って宣言しました。仮に希望の党で当選しても、「辻元清美」じゃなくなると思ったから。それは立憲を立ち上げる前だったけど、一人になってもいいやと思って。だけど政治家って、自分の本心に従って行動するのが結局一番強いと思うんですよ。

野田　私も、郵政で離党勧告された時、「私は間違ってない」と言い続けた。郵政は国営でしっかり支えていくべきだと言ってきたのが自民党だから、「私こそが自民党だ」、と。

実は同じように自民党を離れた鈴木宗男さんとか、亀井静香さん、綿貫民輔さん、平沼赳夫さんたちえらい先生方[9]が新党を作るという話があって誘われていたんですが、それもお断りしました。亀井静香先生なんか、「自民党はもう終わるから一緒にやろう」と毎日のように言ってくださったんだ

8　二〇一七年、小池百合子都知事率いる「都民ファーストの会」が、国政に進出する形で希望の党を結党。衆院選を控えたタイミングで、民進党が事実上の合流を提案し、両院議員総会で了承された。希望の党代表だった小池都知事は、安保法や憲法改正などで政策が一致しない公認希望者について「（リベラル派は）排除いたします」と明言。これに民進党の一部議員が反発し離党、その後枝野幸男氏が立憲民主党を結党した。

9　いずれも、当時郵政民営化に反対し自民党を離党した議員。

けど、「やっぱり私は自民党だから」と。

だめならそれでいいという思いがあったんですよね。要は、生活費のために政治家をやってるわけではないので。落選したら、またホテルの仕事に非正規で雇ってもらったり、塾で英語の先生でもしようかなって考えたの。亀井先生には、「おいかぐや姫、いつまでたっても月の使者は来ないんだぞ」と言われたんだけど（笑）、それが自分の人生なんだと自分で思えた。

●権力にしがみつく

辻元　リスクがあったとしても、決断すべき時に決断するのは大事なことだと思います。私の場合は、社民党を離党した後、もう一度選挙に出るという時[10]がそうでした。周りの人にはものすごく反対されたんですよ。少なくとも執行猶予が終わるまで待て、と。だけど私は、小泉さんが首相の間に戻りたかった。郵政選挙の時にも、絶対にこれはおかしい、私も参戦したいという気持ちがあって[11]。離れていった支持者もいるなかで、それでも支えてくれた人たちと苦しい選挙を闘って当選しました。
野田　そういう方々との出会いは宝だと思いますよ。私は政治家人生を振り返って一番よかったのは、

10　二〇〇二年に発覚した秘書給与流用事件に対し、東京地裁は二〇〇四年、懲役二年・執行猶予五年の有罪判決を下した（二〇〇九年、猶予期間満了）。辻元清美氏は同年六月に社民党を離党。翌月の参議院議員選挙に無所属で立候補したが、次点で落選（同選挙の全国最高得票数落選者）。
11　二〇〇五年の衆議院議員選挙（通称郵政選挙）時、社民党の公認候補として衆議院議員選挙に立候補、比例復活で当選。二〇〇九年の衆議院議員選挙では同区で当選。

対談当日の様子（辻元）。

最初の衆議院選挙[12]で惨敗したことなんですよ。祖父である野田卯一[13]との関係もそこで切れたし、結局河本敏夫先生に拾われて公認をもらうまで三年半くらい浪人しました。その間、自民党には誰一人応援してもらえずに（笑）。

だけど、「バッジ」に寄って来たわけじゃなくて、落選した縁起の悪い人にわざわざ手を差し伸べてくれる人なんて、議員になってから出会えるチャンスはまずもってありませんから。

辻元　仰る通りだと思います。大きな決断といえば、鳩山政権から社民党が離脱するという時[14]もそうです。この三党で政権を担わせてほしいと訴えて選挙をやったのに、たった八か月で政権を手放すのはおかしいと思ったの。せっかくとった政権だから、もうちょっと踏ん張っていろんなことを実現させたかった。あの時も、「一人だけ離党して」みたいな、ものすごいバッシングを受けました。

12　一九九〇年の衆議院議員総選挙に旧岐阜一区から立候補（自民党からの公認はなし）、落選。

13　元衆議院議員、元建設相。

14　民主党・社民党・国民新党連立政権の鳩山由紀夫内閣（二〇〇九年九月に誕生）から、二〇一〇年五月、普天間基地移設問題を契機として社民党が連立政権を離脱。辻元氏は国土交通副大臣を辞任後、同年九月、衆議院会派「民主党・無所属クラブ」に入会、二〇一一年、民主党に入党。

私、最初の政権は自社さの時だったんだけど、当時も社民党が連立政権から離脱しているんです[15]ね。当時、社民党が離脱した途端に、国旗国歌法や憲法調査会みたいな、社民党が中にいた時には自民党が一切やらなかったことが一気に進んで。私は沖縄特措法採決の時、当時官房長官だった野中広務さんに「おかしいじゃないですか。保・保連合[16]なんて、大政翼賛会じゃないですか」と本会議場で、演説したわけ。そしたらその晩に野中広務先生から電話があって。

「お前、なんでこうなったかわかるか」と。曰く、「社民党が離脱したからだ」、「自民党だけでは右に右にいってしまう。それに歯止めをかけたいのなら、権力にしがみついてでも政権にいないと」、「政治というのはよかれと思って判断したことが悪い方向に進んでいくこともあるんだ」というように仰いました。民主党政権から社民党が離脱した時にもその言葉が心にありました。

政権をとって政策を実現しようとすると、一〇〇%自分たちの考えが通るということはありえないんですよね。何より野中先生に学んだこととして、自分のやりたいことを実現するには、一度握った権力を易々と放さないこと。「おかしい、反対だ」という勢力も必要だけど、権力のなかで政策を実現していく勢力も必要ですから。重要なのは権力の使い方です。

15　一九九六年一〇月当時、社民党は連立政権の一翼を担う与党であったが、社民党、新党さきがけの二党は総選挙直前に大量の離党者を出し、第二次橋本龍太郎内閣では閣僚を出さず、後に正式に連立政権を離脱。

16　一九九八年、自民党は大敗、橋本龍太郎内閣は総辞職。一方、新進党を解党した小沢一郎氏は自由党を結成。小渕恵三氏が首相に就任すると、自民党は政権安定のため自由党との連立に動く。かつて小沢氏を「悪魔」と呼んだ官房長官の野中広務氏は「ひれ伏してでも」と発言した（一九九九年に自自連立政権が発足）。

——当時の大物政治家とのやり取りも経験されているお二人ですが、何か印象に残っていることはありますか？

野田　政治家としての恩師が何人かいるんだけど、その一人が竹下登元総理。初当選した時に呼ばれてお話したんだよね。あの頃の大物って本当に寛容で、「おいで」と言ってくれた。

私はまだ若かったから「聖子ちゃん」と呼ばれて、「ここはね、女は子宮でものを考えると思ってる男しかいない。そうやって多くの女の人たちが潰されてきた。だからあなたは、数字に強くなりなさい」と言われて、『日本の統計・世界の統計』という本をいただきました。

もうお一人、中曽根康弘さんと一対一でお話した時には、「ノートをつくれ」と言われました。「毎年、野田政権の組閣をしろ」、「とにかく自分が総理になったつもりでいろんなことを書き留めろ」と。

——「野田ノート」ですね。

野田　毎年作ってるから、もう三〇冊くらいになって積み重なっています。今取り組んでいる法案に関して自分で調べたデータから、外交で関わる国のデータまで。たとえばこれは、いま気に入ってる言葉。「悲観主義は気分のものであり、楽観主義は意志のものである」。アランの『幸福論』ですね。

辻元　実は私もノートを作っています。政策のことはもちろん、イベントの段取りだったり、出会った議員さんのことなんかを書き留めてあって。国対[17]委員長としてぶら下がりをする時も、自分でいろいろ書いてみて、人に伝わりやすい言葉を模索しました。電車のなかででも、思いついたらどんどん書く。

私も当時の自民党の先生方から学んだことは多かったです。加藤紘一先生には、政治家を見るには

17　国会対策委員会の略。国会運営を政治的に折衝する組織で、国会の正規の機関ではなく、各党が任意につくっている。

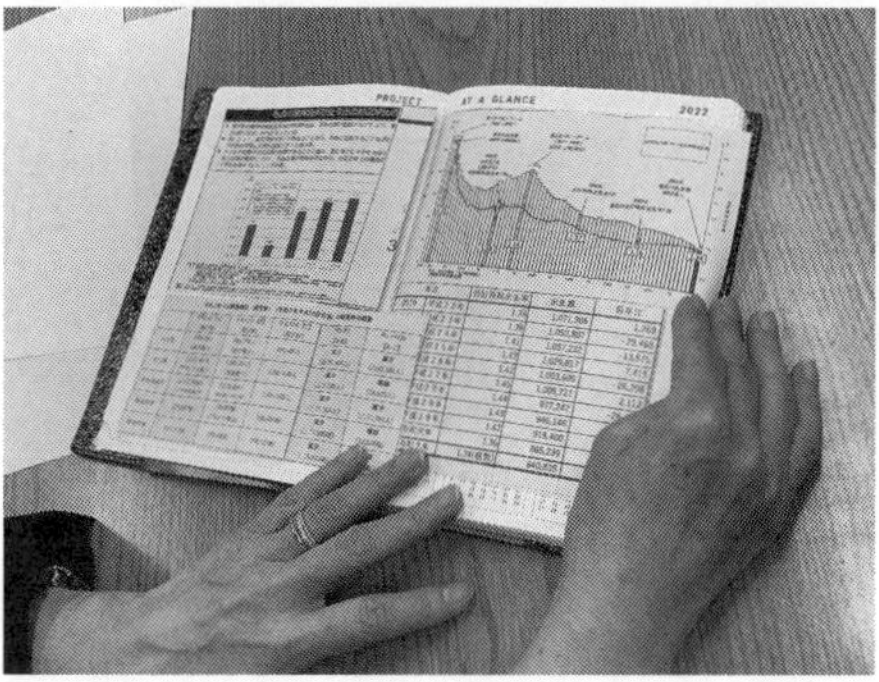

辻元ノート（上段）と野田ノート（下段）。

選挙区を見ればいいと教わりました。どういう選挙で当選したのか、誰に応援されているのかを見れば、その人の政治行動はおよそ読める、と。それは今も一つ座標軸になっています。

あと古賀誠先生には、「舞台に上がる時はト書きまでつくれ」と言われましたが、これは国対委員長をやるときに非常に役に立ちました。交渉をするのにも、相手がこういうふうな発言をして、自分はこう返す、というようなことを徹底的に詰めろというわけです。

●夜の飲み会をフレンチトーストの朝食会に

――辻元さんの国対委員長就任は、野党第一党の女性として初めてのことでした。

辻元　国対って本当に男ばかりで。自民党の国対委員長の部屋に行くと、委員長から代理から職員まではーっと男に囲まれて、いつも女は私一人、みたいな状態になっちゃうわけです。

そこでは国対費という、自民党なんかは湯水のように使えるお金があって、それを使ってそのまま飲みに行くようなことがあたり前のようなんです。各省庁の官房長との意見交換も必要なので懇談を兼ねたりもするんだけど、私は夜の飲み会形式ではなく、全部「朝食会」に変えました。それも毎回ホテルの「高級すき焼き」とかじゃなくて、素敵なカフェを選んだりして。これはわりあい評判がよかったですよ。省庁同士も話をしていて、「お前の時なんだった？　和食？　フレンチトースト？」みたいな（笑）。

野田　私も朝は苦手。実は朝五時とか六時からやっていた大臣レクをやめました。子どもがいる人にはできないから。同じ理由で夜レクもなし。「私のキャパで頑張ってみるから、質問要旨は事前にLINEで送って」と言ってあります。

辻元　永田町の仕事のモデルって、身の回りのことも地元のことも全部やってくれる妻がいることを前提に成り立つ「男性・昭和モデル」のままなんですよね。だけど子育て中の女性も国対委員長になれなきゃ、と思っています。「女・子ども」と言われてきたけど、女・子どもが抱えている問題を解決することこそが、今やこの国の経済や社会の停滞をぶち破る一つのカギになっていると思っているので。

野田　ものづくりや金融が日本経済の主役とされてきたけど、経済が低迷しはじめてからはインバウンドがカギだと言われています。つまり、たとえば大型船がくるためのインフラとか、未着手の分野があまりに多いから、やればやるほど新しい経済をつくれるというわけです。

女性についても同じで、そういう発想をもてばポテンシャルがすごく高い。やってないことがいっぱいあるわけだから。だけど、妻に支えられる議員生活があたり前の人はそこに目が向かない。人口減少は性別関係なく人々の未来を左右する重要な問題なのに、そんなことでは子どもが増えるわけがないです。

あなたの得意分野の安全保障だって、いまどんどん自衛隊員が減ってますよね。

辻元　自衛隊でもこの間重大なセクハラ案件[18]がありました。

野田　三〇年近く政治をやっていて思うのは、何かが進まない・変わらない理由って、決して「賛否」ではなくて「無関心」なんですよね。だから、国会の九割の男性が関心のないことは進まないし変わらない。

子どものことも、事件や事故があれば議論が起きるけど、委員会なんかで継続的に通年で議題に上がり続けることってないんですよ。「女・子ども」については、戦後日本の国会できちんと議論されてこなかった。だからこそ、私は割と楽観的に、カードはこちらにあると思っています。

●女性リーダーがつくる「広場の政治」

野田　いろんなインタビューの場で信念や志を尋ねられるんだけど、私は単に受容する人間、「有権者に選ばれた法律をつくる人」だと割り切っています。決して私自身が何かをもっていて、それをみんなに聞いてもらおうというスタンスではありません。

辻元　政治って、「権力の政治」と「広場の政治」があると思うんです。権力の政治は「俺についてこい」という感じの、いわゆる権力闘争。広場の政治は、みんなの声を聞いて、今必要なものをつく

18　元陸上自衛隊勤務の女性が、複数の男性隊員から性暴力を受けていた事件。被害を訴えた五ノ井里奈氏によるユーチューブでの告発を経て社会問題化した後、二〇二二年一〇月に防衛省と加害者から謝罪があった。五ノ井氏は二〇二三年一月、国と加害者を相手取って損害賠償を求める訴訟を起こし、係争中。

りだしていくもの。もちろんバランスが大事だけど、今の危機の時代には広場の政治のほうが強い社会をつくれるんじゃないかしら。未曾有の事態に対処するにあたっては、「この道が正しい」というスタイルよりも共感力が大事なんじゃないかなと。

女性の政治家の場合、もちろん金融だったり安全保障だったり得意分野があるんだけど、そこにプラスアルファ、生活の部分を男性よりも実感として経験的にもっているという強みがある。政治って生活と密着しているわけだから、女性はダブルに力が発揮できるんじゃないかと思うわけですよ。

野田　変えていくためのネットワーク、引き出しを沢山もっているんですよね。

辻元　少子化で人が少なくなるというのは、単純にそのぶん才能がある人も消費者も減るということです。新しい産業を生み出すのも国を守るのも人なわけだから、少子化って本当に最大の問題なんだけど。現状女性が思いっきり力を発揮できていないというのは、人口の半分をすでに捨てているようなものだと思います。

野田　国会議員が国民の代弁者であるなら、国会の場も男女半々でいいんだと思います。ただ正直、私も女性だからといって女性のことが全部わかるわけではないので、そのあたりを見極めるために選挙はやったほうがいいわけですが。基本的には今欠けている部分を補っていくほうがメリットがあると思います。平等意識というよりも、お得よね、というくらいの気持ちなんだけど。

● 永田町の男文化

――永田町は非常に男性中心的な世界ですが、お二人は、これは自分が女性だからぶつかった壁なんじゃないかと思うものはありますか？

野田　やっぱり若い頃のセクハラかな。私は二六歳でこの道に入ったんですが、まだセクハラという言葉もなくて。あまりに日常的だったので、政治の人材であるためにはこういう嫌なことをくぐらないと女の人はだめなのかなと思ってしまったこともありました。

――野田さんが大臣だった時には内閣府でセクハラ研修の動画[19]もつくりました。私はあれを使って地方議会でハラスメント研修をやっていますが、「こんな極端なことはない」等言われます。

野田　全部実例ですし、もっとえげつなかったです。みんな酔っぱらっちゃってたりするので。

辻元　私が嫌だったのは、その夜の会が多いこと。そういう時、最後はクラブみたいなところに行くでしょ。

野田　行ってた。

辻元　銀座とかね。つい最近も、落選した議員を「激励」する会として、ハイレグのバニーガールが

19　二〇二二年、男女共同参画局は政治分野でのハラスメントを防止する動画を作成、ユーチューブの内閣府チャンネルで公開。内閣府が事例を集めた三〇分程度の動画。地方自治体が制作した動画はあるが、国としては初めての試み。

いるようなお店に連れて行かれて。私やほかに女性の元議員もいるのにそういう方が接客してくださる店を選ぶ神経が信じられなかった。激励の場だと言うから行ったのに。

野田　私はそこはちょっとずれていて、「綺麗だなー」とか思うタイプ（笑）。やっぱり、いろんな経清があるからね。綺麗な女性いいなあ、かっこいい女性いいなあと思っちゃう。

辻元　それはその通りなんだけど、私はやっぱり違和感があって楽しくなれなかったんだよね。

永田町の政治の世界ってやっぱり男性仕様で、いつも言うけれど、家具とかも男性仕様なんです、ソファーから何から。あのちょっと低いソファー、スカートだと嫌な人いると思う。

――この三〇年を振り返って、永田町での女性議員を取り巻く環境は多少良くなったんでしょうか？

野田　私たちの時に、トイレに仕切りができたよね？

辻元　そう、当時は「便所」って書かれた男性用トイレしかなくて。入っていいかわからなかった。

野田　それをベニヤかなんかで分けて。女性用トイレは、今も少ないけど増えてはいます。

変化として一番大きなのは、やっぱり子どもを産めるようになった[20]ことかな。印象的だったのは

20　野田氏自身も二〇一一年一月に第一子を出産している。四〇歳で不妊治療を始め、卵子提供を受けて五〇歳での出産であった。

橋本聖子[21]さん。右からも左からもメディアからも大バッシングだった。橋本さんはけなげな人で体力もあるから、産後も一週間くらいで出てきたのよね。そうすると、お前も七日で出てこいみたいなハレーションも起きて。

辻元　私も、それが一番大きな変化だと思う。西村智奈美[22]さんが高齢出産された時に変わったなと思った。要するに、議員になる前に結婚して子どもを産んでいるならまだしも、議員になってから結婚して子どもを産むなんて考えられない時代だったわけ。男性議員の場合は子どもが生まれると「おめでとう、よかったね」と言われるのに、女性議員の場合は「大変だねえ」「大丈夫？」みたいに反応が違って。

対談当日の様子（野田）。

野田　小泉進次郎くんに、「あなた、子どもができた時に記者会見とかで仕事との両立について聞かれた？」と尋ねたら、「聞かれていません」と言ってた。「私は聞かれんのよ」と。その違いがなくな

21　二〇〇〇年八月、園田天光光氏以来五一年ぶり、現役国会議員として二人目、参議院議員としては初めて出産した。橋本聖子氏は直前まで議員活動をし、入院後二時間での出産であった。

22　衆議院議員。二〇一六年、第一子の男児を出産。一〇年近くの不妊治療を経ての四九歳での高齢初産であった。立憲民主党幹事長などを歴任。

ればな、と思う。

辻元　だけど本当にこの三〇年、日本のバックラッシュはひどかったと思います。北京会議や慰安婦問題に安倍晋三さんたちが対抗して結束を固めていった、その流れが自民党の底流、日本の権力の中枢に根強くある。もちろん、統一協会的な宗教右派の介入があったことも暴かれていっているわけですが。

野田　そうですね。ただ実際、「選挙で弱いから」と、政権の流れや有権者にあわせて右に寄ったように演出してみせる方がいるのも事実です。確実に票がもらえるチャンスも多いので。本当はもっと伸び伸びとやりたいけど、落選を恐れている人たちもいる。今回色んなことが明るみになったわけだから、逆に言えばそんなことに縛られなくていい空気になればいいなと思います。

辻元　今回の宗教右派のことは、言葉は難しいけどやっぱりある意味チャンスにしなきゃなと思いますね。岸田総理は、選択的夫婦別姓を推進する議員連盟[23]に入ってるじゃない？　これをやっていただければ大ホームランになりますよって、官邸に囁きに行こうかなと思ってる（笑）。

野田　そうね、あくまで「選択」ですし、予算のいることでもないですから。同期の安倍さんは右派の旗、アイコンみたいになってるけど、岸田さん自身は決してそうではないのよね。ＬＧＢＴＱにも理解があるし、直接外交で当事者にも沢山会ってるから。日本の政治家で、世界の現実を一番知って

23　自民党の有志議員でつくる「選択的夫婦別氏制度を早期に実現する議員連盟」のこと。二〇二一年三月に発足。

る人だと思う。

●女性にしか埋めることのできないピース

――日本で女性首相が誕生するには、まだしばらくかかるんでしょうか?

野田　この間の結果を見ての通りでございますよ。やっぱりまだ本命ではないんです。だけどそれは諸外国も同じで、よほど国が傾いた時に初めて女性という選択肢が出てくる。イギリスのサッチャーさん登場も、ドイツのメルケルさん登場もそうでした。そんな危機に立ってほしくないし、そこからのリカバリーは大変だろうなとも思っちゃいます(笑)。

辻元　参議院で首班指名された土井たか子さんが、女性では一番首相に近づいたと思います。彼女も社会党が危機の時に担がれて、女性を選挙に沢山出して「山を動かした」わけですが、危機じゃなければ労働組合の支持基盤がある強い男性が順番に指名されていたはずです。

野田　そもそも私たちの時代には、女性が政治家になるためのスクールとか塾とかセミナーとかまったくなかった。

――今は野田さんも塾[24]をされていますよね。

24　二〇一九年、政治を志す女性を対象にした「東京女性政治塾」を発足。その前年には、岐阜市で政治に関心がある女性を後押しする「岐阜女性政治塾」を立ち上げ、二〇一八年まで開催していた。

「りっけん女性塾」配信の様子（辻元提供）。

野田　はい、結構当選率がよかった。あなたたちもやってるでしょ？

辻元　「りっけん女性塾[25]」の責任者やってます。今年の参院選では、女性議員や候補者自体も増えましたよね。立憲の候補者の五三％が女性でした。そのうち四二％が当選したので、いま立憲の参議院はほぼ男女同数です。予算委員会なんかも、二人男性であとの六人は女性。そうやって意図的に女性を入れていくことで力もついていくと思います。

野田　自民党の女性候補者は、今回なんとか三割[26]までいきました。それこそ、政治塾の優秀な方たちを比例の名簿に連ねることができたので。一つの相乗効果だと思います。ただ、現職優先で空きがないという与党ならではの壁があります。女性は勝てないところにぶつけられ

25　二〇二三年の統一地方自治体選挙に向けて開催されている、現役政治家がゲストを交えて語り合うオンラインイベント型の塾。
26　二〇二二年の参議院選挙における比例代表の女性候補者の割合。

たり。

辻元　野党のほうがむしろ空きがあるから、女性を勝てるところにも立てています。今回の参院選でも、埼玉・東京・神奈川の首都圏で女性三人が当選しました。これは大きな変化だったと思います。

――最後にこれから政治家を目指す若い女性にエール、メッセージをお願いします。

野田　私が政治の世界にリクルートされた時、どこがいいとかじゃなくて、「若くて女性だからいい」と言われたんだけど、実はすごく楽だった。「そのままでいい」ってことだから。だから私も若い人たちには「そのままでいい」って言いたい。三〇年経てば力がついて、なんでもできるようになるから。

政治家になるには国家資格もないし、学ばなきゃいけないこともないし、必要な能力もありません。唯一これは能力だと思うのは、選挙に勝つことだけで（笑）。だけどそれは、努力次第だから。私は県会議員の時には一万五〇〇〇軒歩いたし、落選した時の三年なんて九万軒歩きました。私は私とつながってる人が政治を動かすと思ってるので、それを信じてもらいたくて歩きました。

辻元　最近は政治家になりたいという、若くてギラギラした男の子たちがいっぱいいるんだけど、大事なのは「何がしたいか」ということ。若い女性には自分らしく自然体で政治を目指してほしい。ぜひそこをもってほしいなと思います。

あとはやっぱり歩くこと。私も市民運動をやってきたけど、たとえば自分の街がどうなっているか、近所にどんな人がいるか、全然知らないままに大きなことを言ってしまいがちなわけです。そういう頭でっかちにならないように、自分の選挙区を一軒ずつ回って、生活に密着したいろんな問題を有権者から学んでいくことを大事にしています。

野田　そうですね、頭でっかちにならないでほしい。清美ちゃんが言っていたみたいに、まだまだここは空き家だし、女性たちにしか埋めることのできない政策のピースもたくさんある。女性は自分のデイリーライフを反映させればそれが政策になるから、背伸びせずにやってほしいですね。

対談

女性首長が起こす新しい風

二〇二二年一二月一日実施 ※肩書は当時

岸本聡子（きしもと・さとこ） 杉並区長。一九七四年生まれ。東京都大田区出身。日本大学文理学部社会学科を卒業後、国際青年環境NGO「A SEED JAPAN」の有給スタッフとして就職。若者の全国的な温暖化防止キャンペーンを行う。二〇〇一年、オランダに移住。二〇〇三年、国際政策シンクタンクNGO「トランスナショナル研究所（TNI）」に就職。研究員として、世界各地の公共サービスの民営化の実態と、公共サービスを住民の手に取り戻す「再公営化」の事例を調査。二〇二二年、日本に帰国。「住民思いの杉並区長を作る会」からの立候補要請を受け、杉並区長選に立候補、当選。同年、杉並区で女性初の区長に就任。

三浦まり（みうら・まり） ⬇奥付を参照。

●「区長誕生」では終わらない杉並

三浦　岸本さんが杉並区長になられたのは本当に大きな意味がありました。何が新しいかといえば、気候変動やコモンズの再生など、グローバルに課題となっているイシューの専門家であること、そし

街宣中、聴衆の側に座って話を聞く岸本（本人提供）。

て世界的には自治体が新自由主義から転換する政治の先頭をきっていることが多いのですが、杉並でそうした「ミュニシパリズム」をやろうとしていることがあります。杉並区初の女性区長ということはもちろん、東京のど真ん中でボトムアップの民主主義を体現されたという、当選までの過程も感動的でした。

選挙期間中には演説中の岸本さんが聴衆にマイクを回す象徴的なシーンもありましたが、杉並は東京のなかでもリベラルな土壌があって、また女性たちの活動も熱心で、そのなかから押し上げられる形でのご当選だったと思います。岸本さんのほうも、環境やジェンダー、労働または公共財の問題など、世界的には重要課題とされることであっても、日本、特に地方政治ではあまり注目されないアジェンダを掲げられました。そんな岸本さんには、いろいろな方が強い期待を寄せていることと思いますが、どのような声が届いていますか？

岸本　今回の選挙は、何か一つでも欠けると結果が違っていたと思います。土台には、杉並の地で女性たちを中心に長年培われてきた平和運動、消費者運動、女性運動があり、そうした方々のストレートな思いと、これまで区政や選挙に関心も関係もなかったという若い世代の方たちの力が合わさった結果でした。ひいては、東日本大震災や二〇一五年の安保法制などを経ての、自分たちの住んでいる地域から現状を変えていこうとする今日まで紡がれてきた希望と、新しい時代の課題である気候変動やジェンダーや多様性、民主主義といったメッセージが合致したのかな、と。幸運だったと思います。

皆さんからは選挙後、自分たちが関われば何か変わるんだ、関わり続けなきゃいけないんだ、ということを共通の声として聞いています。こういう声があがるのは杉並の強さだと思いますが、反面チャレンジの始まりでもあります。長く運動してこられた方にとっては、ようやく想いが通ったという側面もありますが、計画化された事業をただちに止められるわけではありませんし、区議会の議員構成は変わっていないわけで。

三浦　何もかもをひっくり返せるわけではないですものね。

岸本　はい。私も含めて、これまで議会で決まってきたことにはやっぱり「民意」があって、ロジックがあるのだということを理解し始めているところです。もちろん、現場からの悲鳴が伴っていることも少なくないわけですが、首長が変わったからといっていきなり全部変えられるわけではないという現実、政治のテンポというのを実感しています。

ただ、だからこそ選挙後も区議会の傍聴には多くの区民の方が来てくださっています。「初めて来た」という方も沢山いますし、子育て世代や働く世代など、忙しい方々も「有給を取って来ました」、「このテーマは絶対に聞きたい」といった姿勢でいらっしゃるのは本当にすごいことです。議会の動画配信も多くの方が見てくれています。関わり続けなきゃいけない、という危機感が共有されているのだと思いますし、私も励まされています。

三浦　素晴らしいですね。リーダー誕生の瞬間だけではなく、何かを成し遂げる瞬間にこそ声が必要なので、「岸本区長誕生」で終わらない杉並市民というのはすごく成熟した市民性を持っているなと思います。

岸本　一方で、個々の自律的な組織をどれだけ発展させられるかという課題もあります。選挙って、いろいろな違いはあってもとにかく候補者を勝たせるのだという点で団結しやすいですが、一つ一つのテーマでみると、支援者間に温度差があるわけです。左派的な、進歩的な政治には「権力やお金でまとまれる」というところがなく「理念で割れる」という難しさ、弱さがあります。だけど、その理念や倫理、哲学こそが重要だから、生じてしまう違いというのをどう丁寧に乗り越えていけるかという部分にかかっていると思います。

三浦　理念に根差した政治って日本にはあまりになくて、対極にある、お仲間を大切にして権力にしがみつくという一点で団結できる保守が強いわけです。そして、対抗できる政治をつくろうとすると、細かな点で一致できずに割れることもしばしばありました。目指す方向は同じはずなのに、どっちの山からのぼるか、のぼる速さ、のぼり方で喧嘩してしまうような。だけど、結果的にはどうすれば一番早く山頂に行けたかなんてわからないわけだから、意見の違いも現状認識の違いもあるけれど、目指す場所は同じだよね、と確かめていくしかないはずです。

岸本　そうですよね。レフト（左派）というより、ジェネレーション・レフト[1]という言葉が合うと思いますが、そうしたアクターとして新しい民主主義を求めようと思うと、立場的に「どちらでもない」人と一緒にやっていくしかありません。そのためには、日常的な対話はもちろん、くじ引き民主主義的なこともやって、「区政の場にいきなり呼ばれちゃった」みたいな、あらゆる人に政治の場に関わってもらう場作りも大事かなと思っています。

対談当日の様子（岸本）。

三浦　討論型世論調査も手法の一つですよね。専門家が知見を提供して、市民のなかで議論してから世論調査をするやり方です。前知識のない状態で世論調査をやると一定方向に流されかねないですが、討論型世論調査だと成熟した意見形成につながります。震災以降だと思いますが、日本でもエネル

1　格差の是正や気候危機への対応を求め、社会運動を繰り広げる主に若い世代を指す言葉。政治理論家、キア・ミルバーン氏が提言して知られるようになった。

パリテ・アカデミーが展開するプログラムの様子（パリテ・アカデミー提供）。

ギー問題などをめぐって実施されています。

岸本　知識や情報を得ることが力になるという感覚を身につけていくことは、市民にとってとても大事だと思います。地域の課題から気候変動などの大きな課題までを自分ごとにしていく機会をつくりたいですね。

三浦　ワールドカフェやグループディスカッション[2]はそうですね、課題を自分ごとにする機会があれば政治参画が進みますよね。私が共同代表を務めるパリテ・アカデミー[3]でも、地域課題や女性として抱える課題などについてグループで話す機会を設けているのですが、対話を通じて課題を深掘りする経験そのものが力になっていくのを感じます。女性たちが政治参画するためのきっかけづくりとして、とても有効だと思

2　何人かの会議での討論のやり方の一つ。フォーマルな形式にとらわれず、参加者がリラックスして話し合いが行えるように、さまざまな工夫を凝らした空間で行う。

3　➡本書一八頁の注3、および終章の対談（二六二頁〜）を参照。

います。ただ、地方に行くほど、女性たちは発言すること自体に戸惑いを感じているようです。批判めいて聞こえる発言を避けようとするので、「お住まいのところでどんな問題がありますか？」と聞くと、「うちの自治体には何の問題もありません」と返ってくるのです。そこで、「近くに大学がないから大変ですよね」とか、「コミュニティバスが廃止されましたね」、と話を振ると「そうなんです！」と課題がいっぱい出てくるのです。「地域の課題は？」と聞かれると何もないということになるけど、「困っていることは？」と聞かれると、どんどん出てくるんですよね。そういう話し合いの場に地方議員の方がいると、「それなら私が一般質問で聞きますね」となるんです。議員というのは困りごとを吸い上げて代弁してくれる存在だということを初めて知ることになるのです。そうした出会いの場というのも、市民の側のマインドを変えるためには非常に重要だと思います。

岸本　なるほど、聞き方によって引き出せる声もまったく違うわけですね。普段、学生さんとお話されるなかでは、たとえば学費のことについてなど若い方からの声は積極的にあがりますか？

三浦　両極端かもしれません。自分が本当に困ってることってやっぱりすごく言いづらいし、困っていること自体を友達に知られたくない場合もあると思います。日本には非正規雇用という問題がある、といった一般論として扱うトピックについてのほうが発言しやすいようです。さらに言えば、「アフリカの子どもたちはかわいそうだ」といったことは、遠いからこそもっと発言しやすくなる。あるいは、「お母さんが大変だった」というような角度からは話しやすいようです。クラスメイトだからこそ知られたくない、言いたくない困りごとを学生たちも抱えていると思います。

●社会構造への視点

三浦　岸本さんは、『私がつかんだコモンと民主主義――日本人女性移民、ヨーロッパのNGOで働く』（二〇二二年、晶文社）のなかで「政治のフェミナイゼーション」という言葉を使っておられます。岸本さんは環境問題をメインに掲げて活動されてきましたが、それがフェミニズムの問題と結びつくと感じたきっかけはなんだったんでしょうか？

岸本　学生時代にエコフェミニズムという思想、考え方に出会って影響を受けてきました。環境問題と一口にいってもいろいろな切り口がありますが、私は社会関係のなかで生まれる権力――誰が権力をもって誰が決めていくのか――というところから環境問題を考えてきたということです。

人間と自然、男性と女性、白人と有色人種、富める者と貧しい者、電気を使う大都市と原発で電力を都市に送る地方、といった社会のなかにあるさまざまな関係性を通して環境問題を眼差すと、限られた持てる者だけが謳歌できる大量消費があり、そのツケが弱者や環境にまわってきているという権力関係が見えてきます。見えづらい関係だからこそ、連綿と続いてきたわけですが。この権力関係というのは、あらゆる物事を見るにあたって、私のなかに常にある視点です。

大学時代から環境NGOで活動してきたなかで、連携して活動していた米国の学生グループと合同で、ジェンダーや権力構造、リーダーシップ、コミュニティオーガナイジングのトレーニングを受ける機会がありました。学問やトレーニングがすごいなと思うのは、それまでモヤモヤとしていたことが言語化される瞬間です。私の場合はそれがエコフェミニズムであり、環境的公正（Environmental Justice）だったわけです。

三浦　トレーニングはどんなことをするんですか？

岸本　トレーナーから与えられた議題についてみんなでディスカッションしていくのが基本です。全米学生環境行動連合（ＳＥＡＣ）が提供しているプログラムでしたが、サンフランシスコの郊外の有色人種のコミュニティに有害廃棄物の廃棄場ができるような状況から生まれた学びの場だったので、フィールドワークもありました。

三浦　ブラック・ライブズ・マターの共同代表のアリシア・ガーザさんが書いた『世界を動かす変革の力』（明石書店）に彼女がコミュニティ・オーガナイジングの研修を受けて、カリフォルニア州の黒人コミュニティを組織する経験談が出てくるんですね。政治教育の研修では、資本主義と帝国主義、家父長制とホモフォビアなどについて学び、さらに実践を通じて力（パワー）がどのように機能するのかを学んだといいます。個人がエンパワーメントされるだけではなくて、関係を構築して、力（パワー）を築き上げることが運動の成功だとしています。力関係が転換して初めて地域社会が変わっていくからです。

それを読みながら、日本でもこうした力（パワー）の理解と実践が必要だと思いました。アメリカやヨーロッパでは体系だった研修によってオーガナイザーを養成しているわけですが、岸本さんもトレーニングを受けられたのですね。一つには現在の権力構造を理解して、どこから不正義が生まれているのかを理論的に捉えることが有効だと思います。さらに、その権力構造を変えるためには、運動側の力（パワー）を構築していくメソッドが必要で、その手法をコミュニティ・オーガナイジングが提供しているわけです。岸本さんのご経歴には、「やっぱり」と確信を得たような気持ちです。

岸本　本来は公教育のなかで学ぶべきことだと思うんですよね。現状、国民主権とか基本的人権とか日本国憲法とか、言葉としてだけ学んで、根底にある権力関係について考える機会が乏しいと思います。

三浦　その通りです。ある企業が有害物質を放出したときに、その責任がきちんと追及されてなかったり、被害者の救済が不十分だったりしたら、それは地域権力の構造や、国家権力との深い結びつきもあるのかもしれない。あるいは、選択的夫婦別姓など、何十年も動いていない政策の背景には、それをストップする権力の力学が働いているわけです。そこへの想像力や解明の努力をしていかないと、どうしたら社会がいい方向に変わるのか、自分は何をしたらいいのかが見えにくく、結果的に無力感に苛まれてしまいかねません。権力と闘うというジャーナリズムのスタンスも、最近は希薄ですし……。

対談当日の様子（三浦）。

岸本　そういう視点をもつと、理解できることも一気に増えますよね。そのトレーニングで印象深かったのは、権力をもっている側は「男女平等であるべきだ」、「黒人もアジア人も能力ある人は活躍すればいい」と言うだけでは不十分で、具体的に現実を変えていくための努力をして、自分の持っている権力を手放すための行動を起こさなければ、差別する側であり続けるということでした。

三浦　差別って構造だから、その人の心持ちの問題ではないんですよね。構造のなかで自分がある属性を持つことで特権を得ている。このことに気づかないこと自体が、差別構造を温存してしまっている。つまり、特権を生み出す構造に自覚的でなければ、本当の意味で差別と闘うとはいえないということだと思います。

岸本　仰る通りです。それを知った時から、自分はジェンダーという観点からは弱者であるかもしれないけど、視点を変えて、たとえば南北問題のなかでは加害者でもあり、あらゆる問題を解決するための努力を人生を通じてしなければならないと意識するようになりました。

● 杉並区のフェミナイゼーション

三浦　杉並区のフェミナイゼーションという意味ではいかがでしょうか?

岸本　まずは、今の組織文化、選挙文化を変えていく必要があると思います。代表制のなかでなんとか女性を増やしたとしても、その女性にとって政治が魅力的な場所でなければ意味がありません。たとえば、ケアワークをする人たちが関われるようにしていく必要がある。まったくケアワークをしなくていい女性ってほとんどいないですから。ケアに関わる女性の視点こそ政治の場で活きるべきです。

三浦　先日、元鳥取県知事の片山善博さんとお話する機会がありました。鳥取は「都道府県版ジェンダー・ギャップ指数」[4]の行政分野で第一位なんですが、その立役者が片山さんです。

彼が若い頃、自治官僚として鳥取に行った時に、当時女性職員は庶務しかやれなかったのを男女関係なく仕事ができるように変革したそうです。[5]当時としては斬新なことをやったわけですが、ヨーロッパなどに行った経験から、当たり前のこととして取り入れた、と。あと片山さんには娘さんが二人いて、自分の娘はこんなに優秀で頑張っているのに庶務の仕事しかできないなんておかしいと思ったと仰っていました。そして、その後に知事として帰ってきたところ、女性たちがしっかりキャリアを積んでいた。当時蒔いた種が育っていたんですね。

やっぱり人材育成って一五年くらいかかるんです。種を蒔いたからこそ、管理職に女性を登用できるまで人材が育っていた。人事を公平にすれば、男女の間の「作られた能力差」は解消することを物語っています。片山さんは二期で知事を退任されましたが、鳥取は継続して行政のジェンダー平等に取り組んだことで成果を出しています。

4　「地域からジェンダー平等研究会」（主査は三浦まり氏、事務局は共同通信社）が二〇二二年より、政治、行政、教育、経済の四分野について都道府県ごとのジェンダー・ギャップを算出している。（https://digital.kyodonews.jp/gender-equality/gender-gap.html）

5　片山元知事の取り組みについては、「シンポジウム　地域からジェンダー平等を」（二〇二二年一二月八日）での発言を参照。（https://www.kyodo.co.jp/life/2022-12-09_3739932/）

岸本　杉並区でのジェンダーに関しては及第点にはほど遠い状況です。そもそも、私以外に女性がいないという局面があまりに多い。部長会も二五人ほどのメンバーがほぼ男性。

式典とかでも、私以外の来賓は皆さんほぼ男性。みんなもう慣れ切っているんですよね。私が女性だから変に目立っているだけで、もし男性の首長だったら「まあこんな感じだよね」とスルーされて、むしろ調和的だったかもしれません。そういうことも可視化していかないといけないし、男性しかいない場には私は出ませんとも言っていきたいと思っています。そうすると、「いや〜、女性がいないんです」と言われるんですが、地域社会で一生懸命活動している女性はいっぱいいます。会長とか代表みたいな役職になると突然男性になるだけで。そういうことを割と遠慮なく言っていきたいと思っています。

区政の場では、生活者視点というのが一つの鍵になりそうです。たとえば道路を例にとれば、区民にとってはそこが区道か都道か国道かってあまり関係ないですよね。危なくないかとか、歩きやすいかということが重要です。そういう観点から何か要望があった時に、区の側から「ここは都道だから区は何もできないんですよ」と言われても困る。だけど行政ってそういうことを言いがちですよね。もちろんそういう視点で仕事をせざるを得ないんですが、区民と話す場合にはそれでは伝わらない。

三浦　たしかに行政用語を使うような、その世界のお作法を身に付けることが喜びになるというのは、男性に多い傾向だと思います。お作法を身に付けた人ほど偉くなるのは男社会の特徴ですね。

岸本　誰のために政治をやってるのかということを考え続けなきゃいけないと思っています。議会の場でも、一人のスピーチのなかに質問が二〇個くらい含まれていたりして、傍聴している市民にはわけがわからないと思います。区民に開かれた場なのだから、一問一答でわかりやすくあるべきだし、そうでなければ何か工夫が必要です。そういう発想をもたないと、自分達のなかで完結している感じがあります。

●誰のための民営化なのか

三浦　「素人の乱」の松本哉《はじめ》[6]さんがSNSで、彼の経営するリサイクルショップに岸本さんがやってきて「このなかで一番消費電力の小さい洗濯機はどれか」と聞かれたと書かれていました。「こんなことを聞かれたのは初めてだ」、と。そのエピソードを読んでさすが、と思いました。

岸本　まずは中古で使えるものを使ってなるべく資源を使わないということに拘っています。幸いなことに、杉並にはああいう面白いリサイクルショップもありますから（笑）。

三浦　これまでの「最新」とか「機能性」を求める消費文化から、よりエシカルで地球に負担のかからないものを選んでいく方向へと人々のマインドが変わりつつあると思います。

この新自由主義の流れを変えていくという方向から、公共についても伺いたいと思います。日本ではなんでもかんでも民営化という時代が長く続いてきました。私も労働市場の規制緩和の研究に取り

6　活動家、古物商。東京都杉並区高円寺でリサイクルショップ「素人の乱」を経営しながら、任意団体「貧乏人大反乱集団」を主宰。

くんだのですが、日本の民営化は、何が公共として守るべきなのかという議論がないまま、民間ができることはなんでもビジネス化していこうというのが特徴です。ヨーロッパも新自由主義化が進んでいますが、たとえばイギリスでは「何が公共か」という議論が先にあって、公共ができないとか公共よりも民間のほうが効率的に提供できるという場合に民営化が検討されました。

この、「公共とは何か」という議論が欠落していた日本において、岸本さんがそれを選挙の争点のど真ん中に据えて闘い、勝利したというのは歴史的画期をなすことだったと思います。この公共を取り戻すというプロジェクトについては、今のところ手ごたえはいかがでしょうか。

岸本　正直言えば地方自治の現場だけではなかなかどうにもならない大きなテーマなんですが、そうしたワードが有権者に響いた背景には、やはりコロナがあったんじゃないかなと思います。民営化が進行する際、業種のブロックは大きく三つに分かれると思っています。最初は農業や観光、航空事業。次に電車やバス、郵便、電気、水などのユーティリティ。最後がケアワークです。コロナ禍では、これまで見えていなかったケアワークの現場で本当に多くの人が働いていて、私達の生活を支えているということがあらためて認識されましたが、このケアワークにも新自由主義化の手が伸びているのが現状なんだと思います。ケアワークは労働集約性が高い（労働力に対する依存度が高い）ために、効率化を理由にどんどん非正規化や民間委託の対象になってきています。

三浦　効率化が人件費削減になってしまう。

岸本　誰のための効率化なのかという点が重要です。だけど、税金を払っている有権者、納税者としては、「安ければ安いほどいい」というわけです。これは世界的にもそうだと思います。だけど、そうして多くの公共財を切り売りしてきた選択の積み重ねが、今の自分たちにはね返ってきているし、特に若い世代は影響を如実に受けています。

さらに、時間に人数に賃金もギリギリ、といったように効率化を求めすぎた結果、経験も蓄積も伸びしろもなくて、すなわち「余白」がなさすぎて、コロナのような公衆衛生の危機があった場合に対応できないという事態に陥ったわけです。感染症や災害などの危機的状況にあっては、行政の指示が速やかに行き届く公立病院の有無は大きなことです。民間の病院には全部「お願い」してやってもらう必要がありますし、お金も支払う必要がありますから。この間、スペイン、イギリス、イタリア、アイルランド、ベルギーなどが病院を一時的に国営化しましたが、これはそうすることで公共政策がすばやく遂行される必要がありました。この一時的な国営化にもとてもお金がかかっていて、一度売ってしまった公共財を取り戻すのがどれだけ大変かということをよく表していると思います。ワクチン研究開発にも莫大な公費が使われましたが、最後の流通販売は民間の製薬会社が独占的に行っています。ワクチンを国費で買っているわけですよね。だから二重、三重に公費を使うことになるわけです。

公共財を売り払うことによって公共政策が及ばない範囲をつくってきたということ、労働者の賃金をどんどん下げてきたということ、そして社会投資を怠ってきたことを、今回の感染症拡大が顕在化したということです。長期的な社会投資というのは、一番削減されやすいんですよね。例えば環境保護とか、労働環境とか。そこだけは民間企業も節約できるので。そのツケというのを生活者が肌感覚で理解し始めているのだと思います。選挙でも、コロナの影響を如実に受ける現場で働いている介護司さんや学校の先生なんかの反応は大きかったです。これは、コロナ前では考えられないことだと思います。

●首長にできること

岸本　私、「ナミー's Cafe」という、お茶をしながら区職員とお話する機会をつくっていて、直近は会計年度任用職員との会でした。二〇二〇年に新設された制度によって、今まで非常勤職員といわれていた方々が会計年度任用職員ということになったわけですが、少しは期末手当が出るようになったものの、結局任期付きの短期雇用であることをはじめ、様々な問題を抱えています。今回も正規職員と同じ仕事をしていて土日も駆り出されるにもかかわらず、待遇は半分以下であるというような痛烈な訴えがありました。また、どんなに長年の経験があっても正規職員にはアルバイト扱いされて差別的なことを言われることもある、と。ちなみに、杉並区の会計年度任用職員は八六%が女性なので、これはジェンダー労働問題でもあります。

三浦　それを杉並区の首長として変えていくことはできるんでしょうか?

岸本　それが、難しいんですよ。会計年度任用職員制度は国の制度なんですよね。

一方で住民のニーズは多様化していて、仕事自体はどんどん増えています。例えば近年増えている発達障害についてもケースごとのきめ細やかな対応が求められますが、対応するワーカーは会計年度任用職員です。行政課題は複雑化しているのに有期雇用の職員では専門性が蓄積できない状況で、まさに公務は岐路に立たされています。

対談当日の様子（岸本）。

三浦　そのあたり、ヨーロッパの状況はいかがでしょうか。資格さえあれば待遇がよくなったりするんでしょうか。

岸本　一概には言えないと思いますが、日本は世界的にみると公務員の少ない国の一つです。ベルギーでは、労働者の六人に一人が公務員です。それを良いとするか悪いとするかは別にして、やはりそこには安定があります。

　杉並区の会計年度任用職員の任期は六年で比較的長いわけですが、その度に希望して書類を出して試験を受けなければなりません。人によっては補助的な収入という方もいますが、三人に一人が主たる生計維持者です。これを杉並区だけ全部変えるというのは無理なんです。賃金を上げることすら難しい。

三浦　公共調達（税金を使って行われる契約行為全般）の部分、業務委託などではどうでしょうか。公共調達や公契約は首長に大きな裁量があるところなので、杉並モデルとして新しい展開を期待しています。たとえば女性が起業したところに優先的に業務委託するとか。

岸本　たしかに、入札においては価格競争が基本となっていますが、例えば女性従業員や女性役員の比率など価格面以外での評価ができないか研究してみたいですね。また、杉並区では公契約条例が制定されていて、一定以上の賃金支払いを義務付けていますが、最低賃金などの国等で定めたものとのバランスや周辺自治体の動向などにも気を配らなくてはなりません。本来、賃金の問題は国や都がイニシアティブをとって解決しなければならない問題です。労働問題を区レベルで解決するのは本当に難しいです。

三浦　そこは市長連合みたいに声を横に展開して国にあげていくのが有効かもしれません。

岸本　そうですね、あとはスキルアップのためのトレーニング機会を提供するようなこともできると思います。庁内では、会計年度任用職員がいないと回らないということを職員みんなで認識していく必要もあります。そうした働きやすい環境づくりも「公共の再生」の肝になってくると思います。

●ハラスメントゼロ宣言

三浦　先日の記者会見（二〇二二年一一月九日）では、「ハラスメントゼロ宣言」も出されていました。

岸本　私の就任後に庁内で六〇〇〇人を対象にアンケート調査を行ったんですが、これによってハラスメントの実態が見えてきました。回答率は約五〇％でしたが、そのうち一五％の四一一人がハラスメントを受けた、そして四七〇人が目撃したと回答しました。これは大変なことです。先日の記者会見はこの結果を受けて、まずは私自身がハラスメントをしません、見過ごしません、許しませんと宣言しました。

あの「宣言」の前には部長会もあったので、そこでも私と一緒にリーダーシップをとってほしいとお願いしました。ただ、アンケートからわかってきた特徴として、管理職から部下へのパワハラが比較的多い。これを内部だけで解決するのには限界があるので、専門の弁護士やカウンセラーの方に入っていただいて、ハラスメント認定をする手続きや、それを受けた人が更生するためのプログラムを用意しようと思っています。あとは、被害者のほうが異動させられるような、ありがちな対症療法的なことをやめて、加害者のほうが問題視されるように変えていかなければならないので、そういった人事的措置も含めてやっていきたいと思っています。

三浦　職員同士はもちろん、首長や議員さんから職員の方へのハラスメントというのもよくある事例です。また、少数派議員が多数派議員からイジメとしかいいようがない扱いを受けることも、たびたび表面化しています。私が座長として関わった「議会のいじめ調査プロジェクト・チーム」の調査[7]でわかったことは、「懲罰的対応」を経験している女性の地方議員が少なからずいるということでし

7　全国フェミニスト議員連盟有志と研究者による「議会のいじめ調査プロジェクト・チーム」が二〇二一年に行った調査。結果は『女性議員を増やす・支える・拡げる――議会におけるいじめ・ハラスメント調査報告書――』にまとめられている。入手は全国フェミニスト議員連盟のホームページより可能。

た。「懲罰的対応」とは地方自治法上の根拠がない問責決議とか議員辞職勧告などが出されることで、大きな会派に属さない女性議員は狙われやすい傾向にあると思います。

岸本　議員からのパワハラというのはあまり聞いていないんですが、重要な視点ですね。首長もすごくパワーを持っていると感じますので、そのような事例もあるんでしょうね。

三浦　そうですね、これまでの各自治体のハラスメント条例も、議員や首長から職員へのハラスメント行為が問題化して作られています。例えば、首長から職員へのセクハラ事件をきっかけに制定された、東京都狛江市の「狛江市職員のハラスメントの防止等に関する条例」[8]では、首長や議員から職員に対するハラスメントがカバーされていますし、相談窓口が外部にも設けられているので、報復などを恐れず相談できるよう工夫をしています。

背景には、政治家が加害者である場合の処罰の難しさがあります。政治家は誰からも雇用されていないので、処分を行えるのは議会しかないからです。例えば、イギリス議会の苦情処理手続きでは、相談、調査、処分の三つの責任主体を明確に分けています。被害者は相談窓口にまずアクセスします。ここは外部の専門家に委託されていて、性暴力の専門家も入っています。相談窓口では中立人に

8　二〇一八年に成立。それまで、市のハラスメント防止指針は一般職が対象で、市長ら特別職が含まれておらず、高橋都彦元市長が職員への長年にわたるセクハラを行っていた問題について調査などが行えなかったため、一般職に市長ら特別職や議員も対象に含めた条例となった。また、ハラスメントが疑われた場合の調査委員についても、以前は全員が市職員だったのに対し、新条例では法律の専門家ら外部の有識者を含み、調査対象者が特別職や議員の場合は調査委員全員を外部有識者として、事実が確認されれば公表できると規定している。

寄り添いながら問題を整理します。場合によっては警察に届けるべき事案かもしれません。どのような選択肢があるのかを伝え、正式に申し立てたいとなれば次のステップに進みます。それが調査の段階です。独立調査官が聞き取りなどをして事実関係を明らかにしていきます。調査報告書に基づいて処分を決定するのは、職員が行為者であれば所属する行政組織（人事部）、政治家の秘書なら雇っている政治家、そして政治家であれば議会です。でも、議会で決定させると政治闘争になってしまうので、独立専門家パネルを置いて、そこが処分を事実上決定します。重層的な仕組みになっているのです。また、調査報告書が出るまでは、いつでもインフォーマルな調停による解決の道筋が開かれています。

イギリスの仕組みと比べると、日本の地方議会の防止体制には課題が多いです。福岡県ではハラスメント根絶条例ができ、大阪府でも続いているので、これから広がっていくと思いますが、相談と調査が分離していない体制になっています。これだと中立人は相談しにくいのではと懸念されます。また、処分については、議員は民主的な選挙で選ばれているので、簡単に身分を剥奪したり、出席停止にしたりすることには慎重でなくてはなりません。この議論はもっと深める必要があるでしょう。先ほども述べたように、少数派議員が議員辞職勧告を受けて抑圧されるような動きもあるからです。

政治分野のハラスメントは政治闘争に直結しやすいので、第三者や専門家を入れて手続き的な公平性や客観性を確保して、それからインフォーマルな解決手段も整えていくことが必要かと思います。

福岡県の条例ができてよかったことは、議会のなかでハラスメント防止の意識が高まったことがあると思います。条例ができたのも、女性議員が増えて、問題が顕在化したからだと伺っています。

岸本　なるほど、ハラスメント条例は基本的にはそういうところから生まれたんですね。何か抑止力がないと、起きるべくして事件が起こってしまいますよね。

三浦　候補者均等法が改正されて、議員や候補者へのハラスメント防止が政党には努力義務、議会には責務となりましたが、それまでは基本的に被害者として想定されるのは職員さんでした。

あと、女性記者さんも相当被害に遭われていますが、記者さんは今の法律では守ることができないんですよね。長崎で市の幹部職員に取材した記者の方が性被害に遭う大きな事件がありましたけど、その際も、被害者女性が訴えようとしたら別の市の幹部が噂を流して二次被害が起きました。結局長崎市は約二〇〇〇万円の損害賠償を支払うことになって、これは市の責任が明らかになった画期的な判決でしたが、彼女のキャリアは奪われたままです。細田博之衆議院議長や福田淳一財務事務次官も女性記者へのセクハラ報道がありましたが、女性記者へのセクハラは人権侵害であると同時に報道の自由を脅かすものです。

ＭＩＣ（日本マスコミ文化情報労組会議）によれば、外勤女性記者の九割がハラスメントを経験しているそうです。新人記者が行かされる警察、検察なんかは特に温床になりやすいとか。ぜひ、条例をつくる際には倫理行動規範のなかでハラスメントの被害者になりやすい属性というのも明示していただきたいと思います。

岸本　大変参考になりました。こういうことを言うと、そんなにがんじがらめにされると何も言えなくなる！　という方がいるんですが、そうじゃないでしょって思います。みんなが働きやすく、誰もが能力を発揮できることが重要なわけで。私自身、今のヒエラルキーに慣れていません。もっとみんなで共有したり、協力したり、失敗してもいい場をつくっていきたいと思っています。

●ケア力と想像力の女性

三浦　岸本さんは、コーチング[9]を経て自分にはケアワークと政治が向いていると気づいたそうですが、政治家を意識されたのもコーチングがきっかけですか？

岸本　もともと、自分は何かのタイミングで政治家をやるんだろうなと思っていました。他には学校の先生にもなりたかったんですが、ヨーロッパで働くには言語の壁がありました。

コーチングは、バーンアウト症候群（燃え尽き症候群）防止のために国が率先してやっているもので、費用の九割も国の負担でした。三、四〇代ってバーンアウトしちゃう人が多いわけですが、それは社会にとっても会社にとっても個人にとっても大きなコストなんですよ。だからその前に、カウンセラーなんかと一緒に自分の内面を掘り下げて、適職を探す時間を持つわけです。もちろんカウンセラーの資質も問われるわけですが、その育成にも国費がちゃんと投入されています。結果的に労働者のストレスが減って、雇用も生まれて、すごくいいシステムだと思います。このカウンセラーという

9　対話によって相手の成長や自己実現、目標達成を助ける人材開発手法の一つ。コミュニケーションによって気づきや新たな視点を与え、目標達成に必要な行動プロセスを導き出す。

のも地域に沢山いて、ヨガと一緒にやっていたりしてすごく身近なんですよね。

このコーチングで、ケアワークと政治というのがバシッと出てきました（笑）。それで、「やっぱりそうなんだ」と思い、日本に帰ることを決めました。

三浦 現状、ケアワークに代表される下支えの仕事の多くを女性たちが担っていますが、岸本さんはそうした女性たちは政治家に向いていると思いますか？

岸本 絶対向いていると思います。政治家の唯一の資質は、自分が当事者じゃない問題について当事者から学ぶ謙虚さ、それを理解する想像力だと思っているんですが、そうしたケア力、想像力という点からも、ケアの役割を担ってきた女性たちは確実に向いているんじゃないでしょうか。

三浦 次の統一地方選ではどうでしょうか。岸本さんから女性にお声がけするようなことはあるんですか？

岸本 しなくてもいっぱいいらっしゃるんです（笑）。今回の区長選に関わったような人たちが、背中を押さずとも出ようと言っていて、本当に嬉しいことです。最初はそのつもりがなかったけど、応援しているうちに自分もやりたいと思ってくれたそうで。票読みなんかの戦略がコントロール不可能なくらい、出たい人が何人もいるみたいです（笑）。そういう意味では、現職の方は危機感が出てくると思いますが、焦んなきゃダメですよね。そうやって切磋琢磨して、投票率をあげるしかない、というところにもっていきたいです。

三浦 最後に、政治家を目指す若い女性たちへのエールをお願いします。

岸本　皆さんには絶対に能力があります。ただ、それを発揮する機会というのは残念ながら与えられないことが多いので、なんとか自ら掴んでいただいて、そしてその掴んだパワーで、次は他の女性にパワーをフィードバックすることをぜひやってほしいと思います。政治家は、このパワーを掴んでエンパワーする連鎖を起こしていける仕事です。ぜひ皆さんにリーダーシップをとってほしいと思います。

インタビュー

先人からのバトンを受け取る

二〇二二年一〇月四日実施　※肩書は当時
聞き手＝春藤優[1]

福島みずほ（ふくしま・みずほ）参議院議員、社会民主党党首。一九五五年生まれ。東京大学卒業後、弁護士として選択的夫婦別姓、婚外子差別などに取り組む。一九九八年初当選。二〇〇九年には内閣府特命担当大臣として男女共同参画・自殺防止・少子化対策などを担当し、DV被害者支援や児童虐待防止、貧困対策、労働者派遣法改正に取り組む。二〇一〇年、辺野古への新基地移設の閣議決定の署名を拒否し、大臣を罷免される。現在は沖縄の新基地建設阻止、戦争法案の廃止を含め、環境・人権・女性・平和を四本柱に据えて幅広く活動中。

●「積み重ね」は無駄じゃない

――二〇二二年の参議院選挙に福島さんが全国比例で立候補された際、選挙のお手伝いや応援演説[2]をさせていただいた以来です。ご無沙汰しています。

福島　渾身のスピーチを本当にありがとうございました。

――法学部の学生だった頃、関心があってセックスワーカーの権利をめぐる議論や選択的夫婦別姓を求める運動の歴史を調べると、「弁護士・福島みずほ」というお名前が必ず出てきたのを覚えています。夫婦別姓は最近ようやく選挙の争点に上るようになりましたが、実際は三〇年以上取り組まれてきたことなんですよね。

インタビュー当日の様子。

福島　当時は「家族破壊論者」なんて言われましたが、今こうやって夫婦別姓をめぐってもう一度動きがあるのは嬉しいことです。もっと早く実現すると思っていたので一緒に闘ってきた皆さんには申し訳ない気持ちもありますが……。

選択的夫婦別姓については、一九八八年に、ある国立大学の教員が「通称名（旧姓）を使用したい」として東京地裁に提訴した裁判を弁護士の一人として担当しています。彼女は結婚前の姓名で研究や論文発表や講義を行っていて、通称名を使わないと支障が出ると訴えたんですね。私は一九八〇年

1　（しゅんどう・ゆう）一九九七年生まれ、千葉県出身。早稲田大学法学部卒業。早稲田大学大学院法学研究科修士課程修了。現在、早稲田大学法学研究科博士後期課程在学。研究テーマは「中絶の権利」。学部時代より、早稲田大学GS（Gender & Sexuality）センターの立ち上げと運営や、「性的同意」の考え方を広め、性暴力を予防するための活動に関わっている。

2　応援演説の様子は福島みずほ YouTube チャンネルにも挙がっている。例えば二〇二一年七月七日の東京都品川駅高輪口街宣の様子を参照（https://youtu.be/s88YVtBnIW4）。

代から九〇年代の初めにかけて、ほかの弁護士やジャーナリストなんかと衆議院法制局で選択的夫婦別姓の実現を目指した法律改正案をつくっていたので、「こういう裁判が起きるだろう」と思っていたところでした。今でこそ多くの人が必要だと思っていることでも、最初は声をあげる当事者がいて、初めて問題化することができるわけです。

——福島さんは弁護士時代にセクハラに関しても多くの裁判を担当されていますが、いま当然のようにある言葉も、最初は誰かが「これは暴力だ」と言ったことで概念化したんですね。そうした前進に思いを馳せる一方で、社会が変わるにはこんなにも時間がかかるものなのかと思ってしまいます。

福島　そうですね、一九九六年に法制審議会[3]が選択的夫婦別姓を導入すべきであると答申してから四半世紀が過ぎてしまいました。私には一九八〇年生まれの娘がいるんですが、彼女が小学校低学年の頃に連れて行った講演会で選択的夫婦別姓の話をした際、「ママの後を継いでその運動をやるよ」と言ってくれたことがあって。その時は、「あなたが大人になる頃にはとっくに実現してるんだから、ママとは違うことをやりなさい」と言ってたんだけど……（笑）。

ただ、日本ではなぜこんなにもジェンダーギャップが埋まらないのかと思う一方で、着実に進展した部分もあるから、これまでの積み重ねは無駄ではないと思っています。たとえばＤＶ防止法も、何

3　法相の諮問機関。

もないところから法案が生まれて、二〇〇一年の施行からも四回改正されて少しずつ変わってきています。最初にDV防止法を作ると言った時には、「日本でそんなことがあるのか」という反応もゼロではなかったけれど、今多くの女性が救われていることを思うとやってよかったと思います。

――社会は変えられるという思いの原点はどこにあったんでしょうか。

福島　私にとっては、通称名使用の裁判の前に取り組んだ、婚外子差別撤廃の裁判が意義深いものでした。私も事実婚で子どもがいる、つまり婚外子を抱えた立場なので、趣味と実益と生きがいをかけた裁判で。住民票の続柄差別、戸籍の続柄差別、法定相続分の差別の三つの裁判を他の弁護士と一緒に担当したものです。

このうち、一九八八年の住民票の続柄差別裁判においては、裁判の過程で続柄欄が変わりました。一審で負けて、二審の最中に当時の自治省[4]と交渉したんですが、その際に当時の国会議員にも仲介に入ってもらって、「もしこれを差別のない記載にしたとして、何か行政上の支障がありますか？」と聞いたんですよ。そしたら「検討します」と言われて。その後、自治省が一九九四年に通知を出して、その通知一本で「子」として統一されることになりました。[5]

4　一九六〇年から二〇〇一年まで存在した、日本の行政機関のひとつ。地方行財政、消防、選挙制度等を所管した。

5　戸籍の続柄については、既に戸籍に記載されている嫡出でない子について、続柄欄の「男」又は「女」の記載を、「長男（二男）」、「長女（二女）」等に改めたいとする申出があった場合に記載を改める申し出制のまま。

一つの通知で全部変わるわけですよ。そういう経験を通して、法律も制度も変わりうるものなのだと実感しました。当時の発見は、今の活動にも直結してると思います。

●「政治を変えるぞ」

――政治家への転身についてお伺いします。以前、「土井たか子さんと握手をしたときにビビッときた」と仰っていました。

福島　彼女が一九八六年に社会党の委員長になった頃、朝日新聞の集会欄に吉武輝子[6]さんの主催で「今始まります、女の政治」というようなうたい文句での告知を見つけて。その集会に行った際に、土井さんに握手してもらいました。その瞬間のことですね（笑）。

それまでは政治に関心もあるし投票もするし自分の意見もあったけど、やっぱり政治は男の社会で自分には関係ないと思っていたのが、土井さんと握手をしたことで「政治の世界」というのがガッと自分に近づいたんです。その時の高揚感といったら。背中に羽が生えて、そのままぴゅーっとおうちに帰りました。「政治を変えるぞ」と思いながら。

当時の集会なんかでは、女性たちだけで内閣を作って発表したりしていました。土井さんが委員長になったことで、女たちでやってやろうという意欲を示すべくやっていたものです。私はそこで法務

6　東映に入社後、日本で初めての女性宣伝プロデューサーとなる。一九六九年婦人公論読者賞受賞。一九七七年、参議院議員選挙に無所属で立候補するが落選。一九八六年に評論家樋口恵子氏とともに「土井たか子を支える会」を結成。

1998年に立候補した時のもの。左から土井、福島（本人提供）。

大臣に任命されたので、選択的夫婦別姓についても婚外子差別撤廃についてもスピーチしました。

――私は今回の選挙応援で福島さんから広い意味で女性運動のバトンを受け取った気持ちでいましたが、福島さんにも先達からバトンを受け取るようなことがあったんですね。

福島　その通りです。私の政治の母は土井たか子さん、社会の母は樋口恵子さん[7]と吉武輝子さんです。女性の先輩たちからはめちゃくちゃ可愛がってもらいました。「あんた見どころあるわよ」「頑張りなさい」と、背中を押してもらって。私がシスターフッドを信じられるのはそういう経験があるからです。

立候補するにあたって、母に「立候補しようと思うんだけど」と電話したら、開口一番「お金かかるんじゃない？」と言

7　評論家。東京家政大学名誉教授。高齢社会をよくする女性の会理事長。時事通信社、学習研究社、キヤノン勤務ののち、フリーの評論家。一九八九年、日本女性放送者懇談会賞受賞。二〇〇三年、東京都知事選挙に立候補、落選。

われたのはおかしかった（笑）。樋口恵子さんにも同じく電話したんだけど、「あなたはこれから色んなものを失います。まずお金です。次は友人です」とか言われてね（笑）。彼女たちの心配は杞憂でしたが、社会の母と産みの母のシビアな言葉だったと思います。

●現場主義と平和主義、その原点

――ポスターの「答えは現場にある」という言葉が印象的です。実際、福島さんはあらゆるデモや集会などに顔を出されていて、そうした現場主義も私が応援したいと思った理由の一つでした。

福島　ありがとうございます。弁護士になってすぐにアジアからの出稼ぎ女性の緊急避難所「女性の家HELP」の協力弁護士になったんですが、騙されて日本に連れてこられて、パスポートをとりあげられて売春を強要されたというような女性に何人も出会いました。日本社会って一見ピカピカして見えるけど、一枚皮をはぐとこんなものなのだ、と思いましたね。百聞は一見にしかずというのは本当だし、あらゆることは現場にあると思うようになった一つのきっかけです。

実際、政治問題って現場を見ない限りわからないことだらけです。基地周辺の爆音を実際に聞いたり、原発の避難計画を自分の目で確認したりするのはすごく重要だし、そこから見えてくるものがある。貧困問題についても、やっぱり育った環境や見てきた現実が違うと想像力が及ばないことだってあるから、女性のための相談会なんかにも顔を出して、相談に乗ったりしています。

――そうしたご経験は、福島さんの平和問題への意識にもつながっているのでしょうか。

福島　つながっていると思います。やっぱり現場が一番豊かなんですよ。「女性の家ＨＥＬＰ」で人身売買の実態を知っていくなかで、アジアと性暴力の問題の根深さを知り、友人らと勉強会をやるようになりました。それをきっかけに日本政府への慰安婦に対する賠償を求める裁判も担当しているんですが、その過程で元慰安婦の方だけではなく学徒出陣された方だったり、原爆被災者だったり、本当にいろんな方のお話を伺いました。そうしたなかでの、たとえば宋神道《ソン・シンド》[8]さんが「戦争だけは絶対やっちゃなんねーんだ」と何度も仰っていたような、皆さんの言葉の数々はすごく心に残っています。世の中にはあらゆる人権侵害があるけど、死刑と戦争は国家による殺人であり、人の人生を徹底的に奪うものなのだと感じました。

あと、私の父はいわゆる特攻隊の生き残りなんですが、私が小学校三年生の時、終戦記念日のサイレンが鳴った時にふと父を見たら泣いていたんですね。それにすごくびっくりして。父はあまり戦争のことを語らなかったけど、彼にとっての戦争と戦後とはなんだったのだろうと考えるようになりました。父が特攻で死ななかったから私も生まれたわけで、そういう生い立ちもあって、戦争は根本的にしてはならないと強く思っています。

実は最初に「政治家に」と言われた時、「自分は弁護士が天職だから」と断ったんですが、最終的

8　日本在住の朝鮮人元「慰安婦」被害者として、一九九三年に市民団体と「在日の慰安婦裁判を支える会」を発足、日本政府に謝罪と損害賠償一億二〇〇〇万円を求めて提訴した。

には憲法九条を変えたくないというのが大きな動機になりました。私は楽しく市民運動をやる弁護士でいようと思っていたんだけど、憲法九条が変わるというのは、その床が抜けることだと思ったので。私の初当選は一九九八年でしたが、その翌年に小渕内閣が国旗・国歌法、通信傍受法、改正住民基本台帳法なんかを一気につくるんです。土井さんは「これから五月雨のように有事立法が出てくる可能性があるから」と声をかけてくださったのですが、その危機感は間違っていなかったということです。

●社会を変えるのは楽しい

――実は私も政治に関心をもって動くなかで「あなたも政治家になれば？」と言われたことがあるんですが、その際とっさに断ってしまったんです。自分のなかに政治家という仕事への無意識の抵抗があったと気づかされました。

福島　私も最初にお断りした時には、「私は一日一日をハッピーに生きていきたい。悪いけど政治家の人はそんな風に生きているようには見えない」と言いました。私も、政治は汚い世界、お化け屋敷のような場所だと思っていたのかもしれません。使い捨てされるんじゃないだろうか、とかね。そしたら、土井さんはしばらく黙ってから、「その通りだけど、たしかなやりがいを感ずることがありますす」と仰った。あの言葉を、今も噛みしめています。

もちろん嫌なことも、正直言えば裏切りのようなこともあるし、この世界が楽しくてたまらないというわけではありません。政治の世界は権力の世界だし、その権力は戦争も決めるし憲法も改悪する。

そういう悔しい場面はあるけど、人々のためになる法律をつくることができたり、一つの質問によって制度が変わるようなやりがいもあるんです。

それに、女性が政治の場に進出すると、アジェンダの問題設定、優先順位が明確に変わるんですよね。もちろん、男社会を補強するための女性が増えてもちっとも豊かにならないから、この生きにくい男社会を変えたいという方には、ぜひ進出してほしいなと思います。

政治家は基本的にみんな次の選挙で再選したいと思っています。それは単に失職が怖いとかではなく、やっぱり面白いからですよ。社会を変えられる、居心地のよいところにできるってすごく楽しいことです。どんな仕事も職業もやりがいがあると思うけれど、政治はそれがとにかくダイレクト。

——若者は政治も選挙も「どうせ変わらない」と諦めがちですが、福島さんの選挙をお手伝いしてみて、現場を訪ねる大切さを感じました。なんとなく政策について調べるだけだった「選挙」に手触りが生まれたし、周囲の人と話すことで自分の問題意識もはっきりして、これも民主主義の一つだと思えました。

福島　地べたの民主主義というものを体験されたんだと思います。

——はい。目の前で言論空間が立ち上がってくる、そのこと自体にエンパワーメントされる経験でした。

福島　そういう瞬間、ありますよね。たとえば二〇一五年安保の時にはあらゆる街角で街宣をやっていたんですが、ある時立ち止まってくださった女性に「話しませんか」とマイクを回すと、「子どもが小さいから自分は国会には行けないけれど」と、本当に「やむにやまれず」という感じで訥々と思いを語ってくださったことがありました。彼女は人生で初めてマイクを握ったと言っていましたが、そういう方が今では市民運動の中心を担っていたりする。当時は大学生が奨学金の話をしてくれたりもしましたが、重要な萌芽の瞬間だったと思います。

――国権の最高機関である国会に、あのストリートの熱量でもって政治家が送り出されるだなんて、選挙は本来感動的なものだろうと思っています。だからぜひ若い方にも気軽に現場に来てほしいな、と。

福島　そうですね。私は同数でくじ引きという選挙は何度も見てきたし、二票差で通るとか一票差で落ちるなんてこともいっぱいあるのが選挙です。あなたの一票は本当に貴重なんだと伝えたいですね。

それに、民主主義の現場は選挙での投票だけじゃないんですよね。たとえばツイッターに自分の思いを書くのだって一つの行動です。検察庁法改正だって、ＳＮＳから大きなムーブメントになったわけで。声はちゃんと届くんですよ。そうやって、自分たちにも社会を変えることができるのだと一人でも多くの人が思ってくれたら、政治も随分変わると思います。

●あなたの弱音を政治イシューに

――「政治は多数決だから」と、少数派は勝てないと思われがちです。

福島　たしかにある一面では多数決の世界だけど、それだけではありません。いろんな闘い方があって、たとえば議員連盟をつくって超党派で法律をつくること。DV防止法も動物愛護法の改正も、みんなを巻き込んで成立させました。もちろん一人ではできなくて、たくさんの市民の方や弁護士の方と一緒にやっていくわけです。多数派にならないとできないことではありません。

先ほど挙げた検察庁法改正も、初めは反対する人は少なかったけど、SNSで声があがって、質問で取り上げる議員が何人も出てきたことで断念したわけだし、入管法だって多くの人が声をあげたことで改悪を免れた。知恵を絞って戦略を立てて周囲と力をあわせれば成果がきちんと出るわけです。

――議会質問は議事録として史料になって、今後の議論に生きるという点でも大事だと思います。

福島　そうですね、それに質問自体が社会を変えることもあります。たとえば給付型奨学金って、独自に地方でやってるところはあったけど国の制度としてはなかったんですね。それを、予算委員会で当時文科省大臣だった馳浩さんに質問したら、前向きに答弁してくださったんですよ。翌日の新聞の一面の見出しは「文部科学省給付型奨学金検討へ」といったもので、答弁を引き出しただけで世論もガラッと変わりました。そうすると文科省もやらざるを得ない。文科省だって、本当はやりたいと思っているけど財務省に止められている……みたいなことだってあるわけなので、質問の場の駆け引きも闘い方の一つです。先日も厚労省の方にきてもらって、保育士さんの配置基準を見直せないかと相談しました。そうすると、そのためにはいくらかかるのだというようなことを教えてくれて「ない袖は振れない」と言われるわけですが、私は防衛省から「ない袖は振れない」と聞いたことがない

（笑）。そういう地道な根回しも面白い仕事の一つです。

——最後に、本書の読者にメッセージをお願いします。

福島　あなたの生きづらさは政治を変えるための大きな動機になるんだと伝えたいです。「保育園落ちた、日本死ね!!!」[9]というムーブメントがありましたが、ああいう切実な声と、そこに呼応した皆さんの思いが重要な政治イシューになったわけです。

授業料が高い、奨学金がもらえない、アルバイトで休憩がとれない、同性婚が認められない。今の日本社会が生きづらい、どうにかならないか、というその思いはとてもつらいものだけど、その生きづらさの「タネ」をひっくり返して「ネタ」にして、政治の課題としてぜひ発話していってほしいです。私としては、皆さんがそんな弱音を吐ける社会をつくっていきたいと思っています。

対談当日の様子。左から春藤、福島。

9　二〇一六年、匿名ブログに投稿された待機児童の問題を批判する文章を山尾志桜里衆議院議員が国会で取り上げた際、安倍晋三首相が「本当か確かめようがない」と答弁し、また山尾氏の質問中には「誰が書いたんだよ」などとヤジが飛んだことに端を発し、「保育園落ちたの私だ」とのハッシュタグとともにSNSで多くの声があがったほか国会前でのデモが行われた。

第3章
政治の現場を変えていく

第3章◆解説

議員は政策作りに関わっているわけですが、具体的には何をしているのでしょうか？

この章に登場する国会議員経験者には、自分が動くことで実現した政策をいくつか例示してもらっています。超党派の議員立法として実現した政治分野における男女共同参画推進法（矢田わか子）や教員による性暴力防止法（佐々木さやか）、予算配分を変えることで実現した生理用品の無償提供（佐々木）、自治体に備蓄をお願いすることで国産化を実現した乳児用液体ミルク（超党派）の例があがっています。また、質問によって女性へのヒール強要がパワハラに当たるとの解釈を引き出したり（尾辻かな子）、厚労省に通達を出してもらうことによってコロナ禍で妊産婦が休暇を取りやすくする措置を実現（矢田）したりもしています。

法律を作るだけが国会議員の役割ではなく、解釈を正したり、運用を改善したりすることにも力を入れているのです。何かを成し遂げるには、届いた声にすぐに対応するフットワークの軽さ、一回で諦めず二の矢三の矢を放って詰めていく根気、政府提出法案がダメなら議員立法でいくといった機転が重要になっていきます。

与党として、野党として

同じ国会議員といっても、与野党によって闘い方が異なることもあります。

まず与党の場合、与党内で合意が成立すれば、それはほぼ国会を通過することになりますから、党内の調整や連立政権内の調整が鍵になります。逆に、国会での質問は野党にとっての活躍の場といえます。

与党内を動かした例としては、未婚のひとり親の寡婦控除（木村やよい）があります。税制の分野は伝統的に自民党の税制調査会（税調）が決定権を握ってきましたが、当然そこには一人の女性も含まれていません。自民党の女性議員がシングルマザーの声を受け止め、束になって動いたことで税調を動かした稀有な例です。

与党であれば政権に参画する機会もあります。例えば、政務三役（大臣、副大臣、政務官）に就任することで、直接的に立法や運用改善に関与できます。もっとも官僚の抵抗にあったり、どのみち与党の合意がなければ立法は不可能ですので、丁寧な調整が必要なことにはかわりません。木村さんや佐々木さんの政務官の経験からは、本人がどのような問題意識を持っているかが政策に大きな影響を与えることがわかります。誰が意思決定の座に就くのかは大事なことなのです。

野党としては質問で言質が取れることは大きな成果となります。「質問自体が社会を変えることもあります」（福島みずほ）という通り、大臣から前向きの答弁を引き出し、新しい政策につながることもあります。また、野党だけで議員立法を提出した場合、成立こそしませんが、世論を動かしたり、同性婚のように民法改正によって実現できることを示したりできることも成果です。

立法の過程では、法律の文言について与野党で調整する局面もあります。政党によって理念が異なるために、言葉一つで揉めるわけです。例えば、困難女性支援法では「個人を尊重する」という言葉は入らず、「かけがえのない個人」という言葉になったと打越さんが語っています（第1章）。政治分野における男女共同参画推進法では、野党は「男女同数」と書くことを求め、与党は「男女の均衡」でとどめたいとして揉めましたが、最終的には「男女の数の均等」という公明党の提案でまとまりました。法律にどのような言葉が用いられるかは、法律が規範として社会に浸透していく際に重要なことなので、国会議員の責任はとても重いものなのです。

ところで、「調整」とはなんでしょうか。これは、意見や利害の異なる人たちが合意できるよう根回しをする作業です。「政治の世界って順番を間違えると難しくなるんですよね」（尾辻）とか、「政治って貸し借りがあるんですよ」（矢田）という言葉からは、どのタイミングで、どの順番に話を持っていくかということがとても重要であることが窺えます。意見が異なる人たちとの調整では、誰かの意見が一〇〇％通ることは通常ありえません。「一〇〇に及ばず五〇にとどまる」をよしとして、「五〇の前進」を求めるのが政治だという打越さんの言葉はその通りだと思います。

地方議員の醍醐味

地方議員の動きは国会議員とはまた違ってきます。

本章に登場する三人の地方議員は、立候補する前から相談現場に関わったり困難を抱える人たちのための活動をしたりしていたということもあり、議員になってからも市民相談に力を入れています。「その人の課題解決に伴走する、伴走支援という言葉が自分のなかではぴったりくる感じです」（本田まきこ）というように、一人の問題に付き合うことも多いのが地方議員です。

個人を支援しているだけでは票につながらないかもしれないですが、それ以上の手応えを感じていることが三人の発言から窺えます。支援をしていた人たちが「怒っていい」と気づいたり、「そういうことも政治で選べるんだ、自己責任じゃなかったんだ」（いのまた由美）と気づいたりすることに立ち会えるのは、市民参加の政治の第一線に立っているからこそのことでしょう。「個人のなかに閉じ込められていた問題を社会にひらいていくのも議員の仕事の醍醐味」（本田）なのです。

この三人も地方議会ではアウトサイダー的な立ち位置にあり、行政を動かすには勉強が欠かせません。「一般質問は闘いの場」（池田幸代）というように、資料を集め、現場を歩き、潰されないよう周到に準備しています。心がけるのは「プチ権力者クラブである地方の議会に、いかに現場感を持ち込むか」（池田）。「本当の意味ではまだ発見されていない地域の課題を見つけていくのも議員の大事な仕事」（本田）なのです。こうした活動的な議員には悪意が向けられることもあるのですが、頼りになる仲間とともに乗り越えていくことが政治活動そのものなのです。

座談会

女性議員が生み出す政策

二〇二二年一一月一一日実施 ※肩書は当時
聞き手＝三浦まり

尾辻かな子（おつじ・かなこ） 前衆議院議員、立憲民主党所属。一般社団法人LGBT政策情報センター代表理事。一九七四年生まれ。同志社大学商学部卒業。学生時代の議員インターンシップへの参加を通じて政治に関心を持つ。二〇〇三年、大阪府議会議員に初当選。二〇〇五年、東京のパレードでレズビアンであることをカミングアウト。二〇一三年参議院議員に当選、日本初の同性愛者であることを公表した国会議員となる。

木村やよい（きむら・やよい） 前衆議院議員、自由民主党所属。一九六五年、東京都江東区出身。子育て一段落後、派遣社員を経て、二〇〇四年、三八歳で慶應義塾大学看護医療学部二年次編入学。看護師・保健師免許を取得し、慶應義塾大学病院に入職。日本看護協会広報部課長、政策秘書室長。二〇一四年、衆議院議員総選挙にて初当選。二〇一六年、党待機児童緊急対策PT座長、京都三区選挙区支部長。二〇一七年、再選。二〇一九年、第四次安倍第二次改造内閣で総務大臣政務官に就任。

佐々木さやか（ささき・さやか） 参議院議員、公明党所属。一九八一年、青森県八戸市出身。二〇〇六年、創価大学法科大学院を修了、司法試験に合格。二〇〇七年、弁護士登録。東日本大震災発生後、釜石市で開かれた法律相談会のボランティアに弁護士として参加し、既存の法律では解決できない問題に直面したことから、政治の道を志す。二〇一三年、参議院議員通常選挙において初当選。二〇一九年、参議院議員通常選挙で再選。同年、第四次安倍第二次改造内閣で文部科学大臣政務官に就任。二〇二〇年、出産のために参院を欠席。

矢田わか子（やた・わかこ） 前参議院議員、国民民主党所属。一九六五年、大阪府生まれ。国民民主党顧問、男女共同参画推進本部長。国民民主党副代表兼両院議員総会長などを歴任。一九八四年、松下電器産業（現・パナソニック）に入社。人事部女性活用担当、松下電器産業労働組合連合会中央執行委員を経て、二〇一四年よりパナソニックグループ労働組合連合会副中央執行委員長、電機連合男女平等政策委員長。二〇一六年、参議院議員選挙にて初当選。二〇二二年、参議院議員選挙にて惜敗、同年より電機連合政治アドバイザー。

● 女性議員でつくりだしたうねり

——ご自身が関わられたことでこんな政策が実現したというエピソードはありますか。

座談会当日の様子（木村）。

木村　私はなんといっても二〇一九年の税制改正の時の、未婚のひとり親の寡婦控除[2]です。子ども食堂視察をきっかけに知り合ったNPO法人しんぐるまざあず・ふぉーらむ[3]理事長の赤石千衣子さんから、「（死別と離別の場合は適用となる）寡婦控除を未婚の女性にも」というご相談を前年の二〇一八年一二月にいただいたことが最初のきっかけでした。

　看過できない問題でしたが、税調（自民党税制調査会）は一二月が山場で時期的に遅かった。加えて、税制の方向性を決めるには税調の幹部会「インナー」の

1　（みうら・まり）➡奥付を参照。
2　二〇一九年までの寡婦控除および寡夫控除の適用要件は「離婚あるいは死別後婚姻せず」あるいは「死別後婚姻せず」であったため、婚姻関係にあった配偶者と「死別」もしくは「離別」したという要件が必要だった。
3　一九八〇年に児童扶養手当制度をよくするためにシングルマザーが集まって発足。二〇一八年より認定NPO法人。

存在が大きいのですが、当時のインナーは九人すべてが男性のベテラン議員でした。議論の俎上にはあがるものの「未婚のシングルマザーは覚悟をもったキャリアウーマンやお妾さんなんだから支援は必要ない」という偏見が根底にありました。実際は平均年収二〇〇万円台なのに。差別なき税制度を主張したのは塩崎恭久元厚労大臣だけだったそうです。女性が意思決定の場にいれば、と思いましたが、自民党でこの問題に関心をもつ議員は少ないだろう、どうしたらいいだろうかと思っていました。

――具体的には、どのように動いていかれたんですか？

木村　「あれおかしいと思わへん？」と稲田朋美先生が仰ったんです。「夫婦で子ども育てるのも大変なところを、一人で頑張っているのに」と。「先生もそう感じてくださったんですか！」と感激しました。そうして二〇一九年一二月の税調の会議に向けて勉強会を重ね、賛同者を増やしていきました。途中で児童扶養手当対象者のみに絞られる案も浮上しましたが、それでは一八歳で切られてしまい、大学進学時に差が生じてしまいます。この中途半端な案では真の差別解消にはならない。私たち若手議員は戸惑いました。あんまり強硬に主張しても潰されたりしないかとの心配もあったので。それを稲田先生が「私らが正しいんだから諦めないよ」とリーダーシップを発揮して、女性議員たちの連帯を固めてくださったことが大きかったです。

――稲田さんが女性議員をまとめていかれたんですね。税調の場ではどのように動いたんですか？

税調の場でまとめて席を確保する、自民党の女性議員たち（右手前、木村提供）。

木村　稲田先生は弱い立場の方々に寄り添う政策を打ち出されたことで、一部の偏狭な「自称保守」の人たちから宗旨替えしたとか左翼化したとか言われていましたが的外れです。根っからの法律家で、正義と公平性を貫くために闘う強さを備えた方だと感じます。

税調の場では、一人一回、当選期数にかかわらず自由に発言してよいことになっているんですが、政務官[4]は発言してはいけないというルールがあり私は発言できませんでした。それでも、賛同者がまとまって発言できるようにみんなの席を確保して、みんなで一気に手を上げて意見を言うようなことをやりました。あとは、党内での署名活動も。あの当時五〇〇人弱いた自民党内で一四四人が賛成してくれたので、かなりの人数が乗ってくれたと思います。そうすると、乗っておいたほうが良さそうだぞ、ということで雪崩れのように賛

4　大臣を助け、特定の政策や企画に携わって政務を処理する国の役職。正式名称は大臣政務官。

成してくれる先生も出てきて、うねりになっていきました。[5]一方で、「自分は賛成だけど、自分を応援してくれている団体が難色を示している」というような先生もいて、表立って賛成できない、いわゆる忖度も多々あったと思います。これは選択的夫婦別姓にしてもＬＧＢＴの理解増進法の議論にしても同じですが。

女は税のことをわかっていないとか、感情で言うなとか、やっぱり陰で言われていたみたいですが、闘いました。インナーの先生のなかにはアポを申し込んでも会ってくれない方もいたので、待ち伏せして資料渡したりもして。

尾辻　自民党の女性議員の方って、どちらかというとピンで活動されている印象がありましたが、寡婦控除の件では連携して動かれたというのがすごいなと思っています。自治体でも「寡婦」から「ひとり親」へと呼称が変わりました。税制が変わるとそれまで「みなし」でやっていたようなものも全部変わるんです。本当に大きな成果だと思います。

木村　女性議員は一握りを除いて厳しい選挙区で頑張ってる人が多くて、自分のことで精いっぱいで余裕がないのが実情かなと思います。この動きが最初で最後にならぬことを祈りたいですね。そういう場合に野田聖子先生も親分肌で与野党問わず女性議員から慕われていると思います。

尾辻　木村さんが自民党にいらっしゃることは本当に大事なことだと思います。厚生労働委員会で一

5　朝日新聞デジタル（二〇二〇年八月二五日〜三一日連載）「シングルマザーと永田町」（https://www.asahi.com/rensai/list.html?id=1098&iref=pc_rensai_article_breadcrumb_1098）も参照のこと。

緒だったんですが、私がＬＧＢＴに関連して質問をしたりすると、後から「私は賛成よ」と言ってくれたりもして。性教育のことも熱心に動かれていたし、自民党のなかにもこういうことに取り組む方がいるというのは本当にありがたいことでした。

木村　同志でしたね。私はよく自民党らしくないと言われます（笑）。女性に寄り添うような政策は野党がするもので、与党は経済を論じるべきだ、という女性議員も結構いらっしゃるんです。だけど、そんな男の感覚を持った女の議員が増えてもしょうがないし、なかなか声をあげられない人の声を掬うことが政治だと思っています。

――寡婦控除のこと以外では、党内の女性議員で束になって状況を動かしたことはありましたか？

木村　自民党内のことでいうと、契機はありました。稲田先生が幹事長代行だった時の代行室が女性議員のたまり場のようになっていて、そこで作戦会議をしていました。当時は二階幹事長だったんですが、女性議員が頑張ることに対してすごく温かかったんです。

党本部に女性議員のための部屋ができたこともありました。これも稲田幹事長代行が中心になって動いてくださり、女性議員がそこで情報交換をしたり、地方からきた女性議員が荷物を置いたりする部屋として、あまり使われていない部屋の使用を幹事長がＯＫしてくれたんです。内装を整えたりもしたんですが、やっぱり反発も多くて、幹事長代行が変わるのと同時に片づけられてしまいました。

●生理について国会で語る

佐々木　私は一つあげるとすれば、二〇二一年三月の予算委員会で「生理の貧困」の問題について取り上げた時のことです。おそらく国会でこの問題を質問したのは私が初めてだったと思います。最近ようやく生理についてオープンに語る流れが出てきましたが、当時はまだまだそうではありませんでしたし、特に六〇代、七〇代の男性議員が多くを占める国会の場ではなおさらです。

この問題については、竹谷とし子参議院議員が学生団体の皆さんから声をいただいて、私に「予算委員会でやってみない？」と言ってくれたものでした。正直、経済対策などのように華々しい質問ではありませんが、私は初当選の時から、政治の世界でのマイノリティである若い世代の女性の声を代弁しようと思っていたので、やらせていただくことにしました。

任意団体「#みんなの生理」が行ったアンケートをもとに、過去一年間で経済的理由により生理用品の入手に苦労したことがあると答えた人が五人に一人、との数字をあげて質問したのですが、報道でもかなり取り上げていただき、私の質問を見たといって普段あまり政治には関心がなさそうな女子学生さんから「どうやって予算を確保するのか」とご質問いただくなど、大きな反響がありました。

――その後、生理用品の無償配布に向けて動いていかれました。

佐々木　質問と並行して党として政府に対策を提言するなどして、コロナ禍に対応するための予備費を活用し、地域女性活躍推進交付金の中で生理用品の無償提供ができるようにしました。同時に各地方議会でも女性議員さんを中心に取り上げていただいたことで、かなりのスピードで全国に広まったと思います。

竹谷とし子議員が学生さんの声を受け止め、私がバトンをもらって質問し、国の予算の確保、地方自治体での取り組みへと、女性議員を中心としたネットワーク、連係プレーで政策実現ができたケースでした。

●社会運動やSNSの声から

尾辻　私が印象的だったのは、#KuToo（クートゥー）[6]です。石川優実さんがChange.org[7]（チェンジ・ドット・オーグ）で集めたネット署名を厚生労働省に持って行ったことで知られていますね。私はChange.orgの方と知り合いだったことからこの問題を知って、厚生労働大臣に対する一般質問で取り上げたんです。ヒールのある靴を仕事で八時間も履き続けたら足を痛めるし、外反母趾や腰痛、転倒のリスクもある、これは労働安全衛生の問題ですよね、と。答弁が非常にわかりづらかったので

6　日本の職場で女性がハイヒールおよびパンプスの着用を義務づけられていることに抗議する社会運動。#MeTooをもじって「靴」と「苦痛」を掛け合わせた造語。二〇一九年に始まった運動で、三万筆以上のオンライン署名が集まった。
7　オンライン署名収集ができるウェブサイト。

座談会当日の様子（尾辻）。

報道の仕方は割れたん[8]ですが、結果的にはパワハラに位置づけられることになりました。これによって、航空会社の客室乗務員の「ヒールは何センチ以上」という規則が変わるなど、社会全体の意識や制度が変わっていくことにつながったと思います。社会運動の力があり、女性の記者の方々がものすごく自分ごととして頑張ってくれた報道があり、そうした連携があった結果でした。

——一つの質問が世の中を動かすことができるという大きな実例だと思います。矢田さんはいかがですか？

矢田　何か一つと言われたら、コロナ禍における妊産婦の休暇措置制度かなと思います。私は電機産業の代表として国会に送っていただいたのですが、ある製造会社の現場で働いていらっしゃる妊婦の方からご相談の電話をいただいたことがきっかけでした。国会議員に直接電話をかけることってなか

8　二〇一九年六月五日の厚生労働委員会での尾辻氏への質問に対し、根本匠厚生労働大臣は、女性へのハイヒールやパンプスの着用指示・義務づけは「社会通念に照らし業務上必要かつ相当な範囲であるかが是非の判断基準になる」、「社会通念に照らして業務上必要かつ相当な範囲を超えているかどうかがパワハラにあたるかの基準」という趣旨の発言を行った。これに対し報道は「強制を事実上容認した」とするものと、「強制がパワハラに当たり得る」とするものに二分された。

なかないと思いますが、ご自身で組合に相談に行ったものの、男性中心の組合では理解されづらくて「直接話してみて」と言われたんじゃないかと思います。

「仕事のために通勤が必要で不安だ」という内容でしたが、ツイッター上でも同じような声が届いていました。当時はまだマスクも足りておらず、「毎日決死の覚悟で、ハンカチで口元を抑えて満員電車に乗っている」、と。自分の経験からも対策が必要だと思いました。

新型コロナウイルス感染症に対する「働く妊婦さん」の声を要望書にまとめて、自見政務官に届けた際。左から２番目が矢田（本人提供）。

　それを国会の予算委員会で取り上げたところ、その映像をツイッター上にアップしてくださった方々がいらっしゃったんですが、それがものすごい勢いで拡散しました。それをきっかけにツイッター上でも多くの政治へのご要望をいただくようになって、これは思わぬことでした。当時はツイッターに慣れていなかったので公式ホームページに誘導したんですが、たった三日ほどで四五〇件ほどの要望が届きました。ツイッターのフォロワーも三〇〇人ほどから三〇〇〇人へと増えました。

　同じころ、署名活動をしていた皆さんから厚生労働省に意見を言いたいから助けてください、と声をいただきました。そこで、ホームページに届いた声を課題別に整理し、最終的に一〇万筆集まった署名とともに、厚生労働省の政務官・自見はなこさんに連絡したところ、会ってくださることになりました。要求項目はたくさんありましたが、バックヤードで働かせるなどの配慮措置や場合によっては休暇を与えるなど、雇用機会均等法上に明記されている母性保護の観点から、怯えている妊婦さんたちに必要とされる措置について通達を出してほしいとお願いしました。

この時、女性の記者の方々が関心をもって取材に来られ、NHKニュースなどのテレビでも取り上げられるようになりました。すると政府側も動き始めるんですよね。私も、最初は予算委員会、そして内閣委員会と何回も国会質疑を行い、状況を伝え改善を求めました。

最も大変だったのは休業を確保したいという方々への対応でした。ストレスで堕胎してしまったという声も届いていたので、「政府の対応次第では産み控えも起きますよ」と当時申し上げました。最終的には、「母子手帳」の中にある「母子健康保護管理措置カード」の活用を厚労省へ提案しました。このカードは産婦人科医と本人と職場をつなぐカードで、妊婦検診の際に医師が診断に基づいて気づいたことを事業者側に伝えて配慮を求めるツールです。こういう措置をしてくださいと、事業上、医師が職場に促すことができるんです。これを活用して、コロナによるストレスで配置転換や仕事の抑制、場合によっては休業が必要だと医師が判断をした際に、その事項を指示できるよう記載欄を設けていただき、それを厚労省通達で徹底していただく仕組みをつくっていきました。そして、これがベースとなって、「母性健康管理措置による休暇制度」として予算を付けていただくことにつながりました。

――法律を変えたのではなくて、運用を変えたということですね。

矢田　そうです。コロナに関しては本当に多くの声をいただいて、たとえば妊娠中でありながら決死の覚悟で働いているという医師や看護師、エッセンシャルワーカーの方々もいらっしゃいました。そうした声を受けて、当時は分娩前に自費で受けねばならなかったPCR検査費を国が負担してくれるよう働きかけたり、里帰り出産の禁止で強い不安を感じている妊婦さんへの対策を求めたりするなどして、一年くらいかかりましたが「妊産婦総合対策事業」[9]という政策につなげていきました。トータルでは一八六億円の予算が付き、それをベースとして今も施策が続いています。決して一人でできたことではありませんが、国会で断続的に取り上げて、政府側も緊急事態のため、与党も野党も関係ないということで動いてくれて進んでいきました。

●超党派で山を動かす　液体ミルク／候補者機会均等法改正

――超党派で動いた政策としてはいかがでしょうか。

9　新型コロナ感染症流行が続く中、不安を抱える妊産婦への寄り添い支援として実施。助産師や保健師が定期的な自宅訪問や電話等により、不安や孤立の解消、育児技術の提供などケア事業を実施。また分娩前のウィルス検査を受けるための費用の補助、オンラインによる保険指導等の実施、育児支援サービスの提供などを行っている。

木村　たとえば、乳児用液体ミルク。あれは二〇一六年の熊本地震の時に北欧のほうから急遽輸入してすごく評判がよかったのでこれを日本でも製造・販売できないかと、当時自民党の代議士だった小池百合子知事が勉強会をつくったんです。その時もやっぱり女性議員が中心でした。野田聖子先生が引き継いで、自見はなこ先生が事務局長になり実現しました。

矢田　液体ミルクのことは「超党派ママパパ議員連盟」[10]でも取り組みましたね。私もメーカーのことをいろいろ調べました。電機連合の関係で明治製菓の役員をやった方もいたので訪ねると、「少子化の時代に新たな生産ラインを作っても……」と言われ、ある程度ロットが確保できないと儲からない、需要として成り立たないというようなことを聞きました。

木村　最終的には「女性の社会進出」よりも「災害時の備蓄用」としての面を押し出して、予算の確保を各自治体にお願いすることで、日本でも各メーカーから販売されるようになりました。子育て中に外出するとき、どこに行ってもミルクを作るための清潔な水やお湯があるわけではないということを感覚的にわかっていたからこそ推した事案でした。

矢田　あとは、二〇二一年の「政治分野における男女共同参画推進法（候補者均等法）」の改正[11]もま

10　➡本書二二一頁の注8を参照。
11　二〇二一年六月一〇日に全会一致で可決・成立。改正法では議員や候補者に対するセクハラやマタハラについて、研修や相談体制の整備を国や自治体に義務付けているほか、政党には女性候補者の数値目標の設定、候補者の選定方法の改善や人材育成など、自主的な取り組みを求めている。

さしく超党派でしたね。

――まさか三年で改正できるとは思っていませんでした。矢田さんが議連[12]の事務局長でしたが、通常は年に一回程度の総会を週一でやっていらっしゃったような（笑）。

矢田　議連には一〇〇名超えるメンバーがおり、全員で話し合うなんて絶対に無理、だから各党からキーマンを呼んできてワーキングチームを作り、何が課題で、どこまでだったら実現していけるかという現実路線で話し合いを続けました。最初からクオータ[13]を目指すといっても自民党さんの壁が高すぎて無理に決まっているわけだから。

木村　みんな総論では賛成なのに、自分たちに降りかかると反対する。

矢田　そうなんですよね。だからせめて政党の自主努力をもってのクオータをやりたいなと思っていたんですが、やっぱり自民党の先生方と話していると肌感覚で「まだまだ無理やな」とわかり、少しずつハードルを下げて取り組みました。改正を目指した二〇二一年は、女性参政権獲得から七五周年だったこともあり、今やらなきゃ、と。何もしないで放置していると形骸化してしまうので。

――この改正法に地方議会を含めたハラスメント防止が入ったので、今ではあちこちで研修をやってい

12　「政治分野における女性の参画と活躍を推進する議員連盟」のこと。
13　候補者の男女比率を定める制度のこと。

ます。努力義務とはいえ候補者の選出方法の改善が盛り込まれたのも大きな前進でした。

矢田さんがすごいのは回し方です。関心の低い男性長老議員が多いことに加えて、通常国会のなかで日程を確保するのも一苦労だったと思います。二～三月の予算委員会のあと四月～六月の限られた期間で、衆議院の委員会、衆議院の本会議、参議院の委員会、参議院の委員会……と最低でも四日確保しなくてはなりません。六月の会期末は国会情勢が流動的になり、野党が欠席して空転したりすると、議員立法は通らないということもありえます。法案自体は超党派で合意がありましたが、タイミング勝負でした。

矢田　私はたまたま、内閣委員会の参議院側の野党筆頭理事だったこともあって国会日程がある程度わかっていたので、あと何回、何をどう詰めればギリギリ通るかと常に考えていました。それで、衆議院側の審議状況で日程的に厳しいということがわかってきたので、「参議院先議[14]」を決断したんです。もちろんそれ自体通すのは結構大変なことで、当然ながら与党側理事にもOKをもらうべく掛け合うとともに、国対[15]委員長のところまで「やらせてください」とお願いに行きました。相手をたてながら、「これに命かけてるからこれだけは通させて、その代わり他を通すのは協力するから」、と。大事なのは、「この国会でどうしても通したい」という強い意志を持ち、あらゆる方面に根回しする

14　予算案は憲法第六〇条の規定により、衆議院から先に審議しなければならないが、法律案に関しては衆議院と参議院、どちらから先に審議しても良いことになっている。

15　➡本書七七頁の注17を参照。

ことです。国会が始まる前からずっと、それを考えて行動する。

尾辻　内閣委員会ではＬＧＢＴ理解増進法と女性活躍推進法が同時に組上にのっていたんですが、ＬＧＢＴ理解増進法のほうは「時間切れ」となり通りませんでした。通せるものを通すというのは当たり前のことですが、政治って良い面も悪い面もあるなと思いました。

矢田　そうですね、政治って貸し借りがあるんですよ。「これだけは通して、こちらは協力するから」というような信頼関係です。私は野党側をまとめなくちゃいけない立場だったので、野党内で反対しそうな党があれば、その部屋まで行って説明・説得することもありました。

二〇一八年に議員立法で「政治分野における男女共同参画推進法」が成立した時には、与野党超えて求めていた法律だったのですごく盛り上がりましたよね。全会一致の際の採決で皆さんが拍手して。

木村　議員立法はほとんどが超党派で取り組むことになるので、根回しは重要ですよね。自民党から提案しようと思うと、賛同者の名前を二〇人書かなきゃいけないとか、関連する委員会の人たちには話を通さなきゃいけないとか、党内においてもすごく過酷で地道な道のりになるので、協力体制づくりが必要です。

●野党の闘い方

——野党にとっての議員立法にはどのような意味合いがあるのでしょうか？

尾辻　野党が与党に対して揺さぶりをかける方法の一つが議員立法です。たとえばコロナの時、ひとり親家庭などへの臨時特別給付金は当初一万円でした。だけど一万円じゃ足りないだろうと、野党が児童手当を半年間倍増する案をだして、最終的な給付額は五万円になりました。法案を出すことで与党側から解決策を引き出すやり方ですね。

あと、民法改正案として同性婚の法案[16]を野党で出しましたが、これによって同性婚は民法改正で実現できるということが明らかになったので、憲法第二四条の該当箇所が改憲論に巻き込まれることがなくなりました。これは裁判にも大きな影響を与えることです。立憲民主党の中で、同性パートナーについて議員討議の会議から意見を出して動いた結果でした。

――法律が成立しなくとも、議員立法として提出することに意義があるんですね。野党の闘い方としては、他に何がありますか？

尾辻　世論を揺さぶるのも一つの方法だと思います。二〇一八年の四月、財務事務次官の記者に対するセクハラ発言があった時に、被害者の記者が守秘義務違反として潰されそうになったことがありました。その時は、勇気を出して声をあげた彼女を守り切らなくてはと、財務省に対してものすごいプレッシャーをかけました。私は野党合同ヒアリングの担当者的立場だったんですが、アメリカでトランプ元大統領のセクハラ発言に対して民主党の女性議員たちが黒い服で抗議をしたことにヒントを得

16　立憲民主党、共産党、社民党の野党三党が二〇一九年六月三日に提出。民法第七三九条を「婚姻は、異性または同性の当事者が戸籍法の定めるところにより届け出ることによってその効力を生ずる」と改正する法案。

て、賛同する女性議員で黒い服を着て抗議する#MeTooの手法を提案しました。野党議員が財務省に乗り込むなんて前代未聞のことでしたが、事件のことと併せて大きく報道されました。最終的には記者は守られて、事務次官は辞任しました。私はそういう動き方も多いです（笑）。

――加えて、国会質問も重要な場だと思います。野党のお二人は、質問力の磨き方、質問の場での闘い方はありますか？

黒い服を着て財務省に乗り込む瞬間。左から２番目が尾辻（本人提供）。

矢田　私の場合は組合員の声が束になって届く立場なので、たとえば5G促進法案などは、そうした立場から法案審議をさせてもらいました。

　私のほうからも「何聞いてほしい？」と尋ねて、各企業からあがってきたものからよりすぐって質問にしていきます。私も現場にいた人間として、机上の空論ではなくて「こういう現実ありますよね」と言えるものを選ぶようにしています。電機連合の組織内議員は四二年間全員男性だったので、そういう場合に女性からは声を伝えやすくなったと言われます。妊娠のことも生理のことも、当事者意識をもって「これはたまらんわ」と一緒に思ってあげられるのが強みですね。

闘い方としては、「二の矢三の矢を放つ」というのを心がけています。これは小さい野党ならではですが、何回も質問のチャンスがあるんです。たとえば小学校休業等対応助成金についてなんか、全部で一〇回質問しています。一斉休校中に働けなかったお母さんに対する休業補償を、企業申請じゃなくて個人申請にというものでしたが、実はこれも稲田さんが途中からすごい助力してくださっています。何回も質問しながら、「大臣は前回こうおっしゃいましたよね」、「次どうするんですか、三か月たっても何も進まないんですか」と、前回の議事録を確認しながらぐいぐい攻めていきました。

尾辻 質問力ということでは、自分一人では専門家にはなれないので、現場と法制度の乖離がわかっている人とどれだけ繋がれるかだと思っています。たとえば運動団体、市民団体、専門家、ジャーナリスト。この問題に関してはこの人に聞くとわかるという連絡先やコネクションをどれだけ持つか。協力関係をつくると、より情報をもらえるようにもなります。

私の場合は介護現場にいたので、初めての総理入り予算委員会のときもどんな質問がしたいかと聞かれて、訪問介護のことをあげました。訪問介護従事者へのコロナワクチン優先接種がないという現場の声を聞いていて、施設職員にはあるのにこれはおかしいと思っていたので。当初、国対からはやらなくていいと言われていたんですが、どうしてもと思って最後にやりました。本当に三〇秒とか一分くらい。だけどそこから報道ステーションとかが取り上げてくれて、不十分ではありますが、自治体によっては希望すれば訪問介護現場も優先接種が受けられるようになりました。

――聞く耳とネットワークのある方が議員になると、現場の声があがってからの改善もスピーディーにいくわけですね。

尾辻　現場はジャーナリスト、官庁は私というように協力して情報をすり合わせることで深い質問になっていきます。安倍政権が配布した布マスク、通称アベノマスクがありましたが、あれも最後には介護現場に約八〇〇〇万枚も配布されることが明らかになっていましたので、最後まで猛抵抗しました。

●政務官として／声の拾い方、拾われ方

――与党のお二人は政務官のご経験をお持ちです。佐々木さんは文部科学大臣政務官としてどのように力を発揮されましたか。

佐々木　文部科学政務官としてこれは絶対に、と思って動いたのは、今年春に施行された「教育職員等による児童生徒性暴力等の防止等に関する法律（教員による性暴力防止法）」です。当時の法では、自らの生徒に対してわいせつ行為を行った学校教員であっても、一度懲戒処分で教員を免職になってから三年がたてば免許を再取得できてしまっていました。結果、過去の懲戒処分を隠してほかの学校で採用され、再びほかの児童が被害にあったという事案もありました。

座談会当日の様子（佐々木）。

子どもたちを守るためにも、なんとか閣法[17]で制度を変えたいと思い、省内での検討チームの立ち上げを提案しました。この問題は、以前から関心のある議員の先生方が国会質問で取り上げるなどしており、文科省も問題として認識していたのですが対策は遅々として進んでいませんでした。多くの教員が一生懸命仕事をしてくださっているなかで、ごく一部の例外ケースの為に大きな制度改正はやりたくないという省内の雰囲気を感じましたが、たとえ一人でも子どもがそのような被害にあうことは絶対にあってはならない、一件でも多すぎる、と粘り強く主張しました。

一般的に政務官というのは法律や制度の細かい内容にまで口を出さずに担当部署に作らせるものなのですが、任せるだけでは真剣な検討がなされるか疑問だったので、弁護士出身者として、かなり細かなところまで突っ込んで、次回までにこの論点を解決してくるようになど宿題を出しながら真剣に議論しました。担当課はきっと、面倒なことになった、政務官は本気でやるつもりか、と思ったと思います。

17　内閣が提出する法案で、内閣提出法律案の略称。政府提出法案ともいう。

――最終的には閣法ではなく議員立法での制度改正でした。

佐々木 当時の萩生田大臣からも全面的に後押ししていただき、もう一歩というところまでいったのですが、私の政務官の任期が切れた直後、最終的に文科省は閣法の提出を断念したとの報道が流れました。とても悔しかったのですが、閣法で出さないのなら議員立法で、とこの問題に取り組んでこられた先輩議員の先生方が動き出し、私もその中に加えていただきました。自公の与党プロジェクトチーム（PT）が二〇二一年三月に立ち上がったのですが、そこからは早かったです。省内で徹底的に議論したことも踏み台となって、八九日間という短い期間で法律を成立させることができました。この法律により、不適格な人物が教職に復帰することを防ぎ、わいせつ行為で教員免許を執行した人物の情報を共有するためのデータベースも整備されることになりました。

もちろん世間の関心やマスコミの報道なんかも後押しになりました。私が政務官の時に関連事件が何件かあったんですが、マスコミがこの問題についてキャンペーンを張って報道してくれたのも心強かったですね。

木村 佐々木先生は、児童ポルノ禁止改正法の勉強会のメンバーにもなっておられましたね。児童ポルノ禁止法自体は二〇年前に

文部科学政務官時代の佐々木。この後、女性の政務三役としては初めての「産休」に入った（本人提供）。

できていて、その改正案のなかに性暴力・性犯罪に関するものを入れようと自公で勉強会をしていたのですが、更生保護に差し障ると法務省から抵抗されたり、関係省庁があまりにも多岐に渡ったりと難航していたんです。

そんななか文部科学行政の方向から事態が動いたのが、二〇二一年三月の自公PTでした。自民党からは馳先生、公明党からは浮島先生がワーキングチームの共同座長だったんですが、その橋渡しが佐々木先生のお役目でした。

佐々木　児童ポルノ禁止法の勉強会でも、過去に子どもへの性犯罪を行った人間を、教員や保育士、学童など、子どもにかかわる職業に就かせることの問題について議論しましたね。DBS[18]に関しては今お話した法改正では実現できなかったんですが、必要だという流れになりつつあります。

木村　なんとか進めてください、お願いします。

――同じ与党とはいえ足並みが揃わないこともあると思います。そういう際に自公PTというのは重要な場になるんでしょうか？

18　小児わいせつを防止する取り組みとして、イギリスではDBS（Disclosure and Barring Service）、英国司法省管轄の犯罪証明管理および発行システムが導入されている。子どもに関わる職種で働くことを希望する人は、DBSから発行される犯罪証明書が必要であり、犯罪証明書を教育水準局に提出することで初めて就労が可能になる。ドイツ・フランス・ニュージランド・スウェーデン・フィンランドなどでも同じ取り組みがされている。

木村　与党わいせつ教員根絶立法検討ワーキングチームは毎週月曜の五時から開催していました。衆議院議員だと「金帰月来」が基本で、月曜の日中は地元にいることが多いので、結構タイトでした。

佐々木　今国会で何としても成立を、との勢いで、二か月ちょっとで二〇回以上会合をやりましたから。ＰＴは案件によりますが、与党である自公の考え方がバラバラだとなんともならないので、まずは合同で勉強会をするということは、いろいろなテーマでありますね。

木村　さっき寡婦控除の件をお話しましたが、あれも公明党さんは二〇一八年からずっと進めようとしておられたのを、自民党が全然動かなかったという事例でしたね。

佐々木　うちとしては以前から是非やりたい改正でした。でも自民党さんは難しいだろうなと思っていたので、党内で議論をまとめてくださったのは本当にありがたかったです。自民党さんは大きな政党ですから党としての意思決定はなかなか難しい場合があると思いますが、そういう時は与党内で議論をして、少しずつ方針を同じくするよう進めていくしかないですね。

――木村さんも同時期に総務政務官に就任されています。政務三役になるとより直接的な権力も行使できると思うんですが、いかがでしょうか。

木村　三役だと党本部での会議で発言できないことがあるとお話しましたが、二〇一九年の税調での議論の際には、財務省から総務省を通じて「立場をわきまえてください」というようなプレッシャーも実際にありました。

一方で、政務官だからこそできたこともありました。コロナ禍での一〇万円の定額給付金は総務省マターだったのですが、「世帯主に郵送・まとめて給付」に疑問があり、高市大臣に個人に給付すべきではないかとお伝えしました。これはスピードの問題があって実現しなかったのですが、マイナンバーカードの使用も可能になりました。背景にはDV被害等を理由にシェルターに避難している方々が受け取れないという問題意識があったんですが、この点も高市大臣がシェルターに避難している子どもとお母さんの分は別にもらえるように整えてくださいました。これはシェルターネットの代表の人たちにある程度伝えれば広がるとわかっていたので大臣の通知を出してもらって、わかっていない自治体に対しては説明の仕組みをつくりました。

あと、新型コロナの感染拡大で保健所の保健師の疲弊が問題になりましたが、その解消に向けての動きも政務官だからこそやれたことの一つです。平成の三〇年間で保健所も半分に減ったこと、デジタル化の遅れが要因のひとつでしたが、厚労省と総務省をつないで、保健師の数を二年間で九〇〇人増員する予算が組めるように努力しました。これは元々看護職だったので意識が向いたことでした。

●市民の声はいかに届くか

――皆さん政治家になる前のキャリアで築かれた問題意識や当事者性を活かしてさまざまな声をキャッチされてきていますが、声をあげる側としてはどのようなアプローチがより有効でしょうか？

木村　私は女性団体のエンパワーメント勉強会というのを二回やったことがあります。日々たくさん

女性団体のエンパワーメント勉強会。着席右から４番目に木村（本人提供）。

の団体やグループとの要望や陳情の面会をしていましたが、どうしても、どう声を届けていいかわからなかったり、ようやく議員と面会できても感情的に訴えて終わってしまいがちです。見せ方なども重要で、たとえばＡ４一枚紙に何を求めているのか、そのためにどうしてほしいかをまとめて、まずは視覚的に訴える。議員も忙しいなか時間を割いているのですから、訪ねる議員の基本情報も集めて、なるべくウィンウィンな関係性を継続することなどをアドバイスしました。

佐々木　Ａ４一枚、大事ですよね。もともと関心のある議員さんであればどんな資料でも読んでくれると思うんですが、関心がない、反対という人たちをどう説得して味方にするかという場合に、わかりやすい資料は大事です。ＮＰＯさんや市民団体さんでロビーイングに来られる方ってたくさんいます。すごく頑張っていらっしゃるけど慣れていないような方々にはアプローチの方法で私もご相談にのったりします。そういう市民の方の声って、政策を前に進めるうえでもすごく重要な力なので。

尾辻　大阪でいわゆる都構想の住民投票があった時に、外国籍住民も投票できるよう大都市法を改正してほしいと請願がありました。状況としては超党派で紹介議員になったほうがいい場面だったので、公明党に熱心に取り組まれている議員がいるからあの人のところへ行ったほうがいいとか、そういうアドバイスをしたことがあります。どこから訪問するとか、誰に声をかけるかとか、インナーにいるからこそわかるキーパーソンもいるので。

政治の世界って順番を間違えると難しくなるんですよね。すごく熱心に聞いてくれるからここに行けばいいと思うかもしれないけど、スタート地点を間違えるとうまく広がらないということもあります。ただ、市民団体の皆さんもやっぱり手弁当でやってるから、ロビーイング活動なんかにもきちんと報酬が払われる団体の組織力、資金力も必要で、それは課題だと思います。

――そうですね、アメリカだとロビーイングが「プロ化」するわけですから。

矢田　私は自分の事例に照らしあわせてもツイッターなどのSNSをぜひ有効活用してほしいと思っています。お話したように、ツイッターから皆さんの声をいただくことが多いんですが、最初は何かの会に属しているのでもない、一人ひとりの市民なんですよ。そこから私につながって、少しアドバイスすると、自分たちでSNSを通じてグループをつくってチーム化していく例を見てきました。いまは所得制限[19]の会がすごく盛り上がっていて、知識人も入ってきてやっています。自分たちで映像や資料をつくったりして、「これを国会で使ってくれ」と言われたり。そういう人たちの力を、うまく政治の場につなげてあげられたら、と思います。

所得制限のことでは、お子さんが義足を使っているという方が、所得制限があることで息子の成長にあわせて義足を買ってあげることもできない、とツイッターで私宛に教えてくれたことがありました。福祉用具も全額負担になるんです、という声でした。それを国会の本会議で質問として取り上げたところ、「SNSで呟いても何にもならないと思っていた」と大変感動されていました。その様子はさらにSNS上で拡散して、いまは障がい児をもつ所得制限ラインのご家族とのつながりも生まれました。

座談会当日の様子（矢田）。

19 中学生以下の子どもに支給されている児童手当について、二〇二二年一〇月の法改正によって、親の所得が上限を超える家庭への支給が廃止された。二〇二三年三月末に出された「異次元の少子化対策」のたたき台では、所得制限の撤廃と高校卒業までの支給期間延長が明記されている。

――知らない方からの声って結構届くものなんでしょうか？

佐々木　結構ありますよね。質問として取り上げることもあります。党のホームページに意見をあげるところがあるんですが、自分の担当分野に声がきたとわかって、連絡先が書いてあればこちらから連絡することもあります。何百件もあると全部に目を通すことはできないかもしれませんが……。

木村　手書きの手紙は皆さんご覧になっているんじゃないでしょうか。SNS上でのメッセージもありますが、喧嘩腰だったり無礼だったり、勢いのまま書いてこられるのも少なくないですよね。初めて連絡する相手に対しての礼儀は相手が誰だろうと同じことだと思っています。

――永田町はファックス文化だと聞きますが、そのほうが目にとまったりするんでしょうか？

木村　ファックスは逆に変なのが多いです。

尾辻　ファックス要望活動もあるんですが、そうするとものすごい量、一日に二〇〇枚以上とかくることもあります。それも有権者の一つの行動ではあるので、受けとめていますが、大量のファックスの中に必要な情報が埋もれる時があります。

あと、たまに炎上したりすると電話が鳴りっぱなしになったり……（笑）。

矢田　わかります。でもしんどい内容だとしても全部見ますよ。私なんか知識がないから、そこから学ぶこともすごく多いんです。こんな見えてないところの話があるんや、有難いな、と。

——女性議員はＳＮＳなどで攻撃の対象になりやすいという研究がありますが、皆さんどのように対処されていますか？

矢田　私は一度痛い目にあったので、そもそも炎上することは書かないようにしています。機微に触れるようなことは、必ず右と左の両方から攻撃されますから。

尾辻　私は自分のツイッターでの発言が炎上して大変な思いをしたことがありますが、その際は弁護士さんに相談しました。いちいち一喜一憂すると身が持たないので、精神的には図太くなりました。辻元さんのような先輩にも励まされたりして。野党議員は特に叩かれやすいように思いますが、与党はどうでしょうか。

木村　単に女性だから叩かれやすい、という面があると思います。マウントをとられやすい、軽んじられやすい、こいつになら言ってもいいだろうという空気は、特にＳＮＳで感じます。

矢田　支援者の方が私を攻撃してきた人たちとＳＮＳ上で争ってすごく消耗していかれたことがあって、これはこたえました。正直、何も生産性がないですよね。だけど皆さん真剣にやってくださるから、ブロックすることもあると最初に断りを入れています。

木村　ブロックすると、それをまた喜んで披露されたりするんですけどね。

●「この人ならでは」の柱を持つ

——その時その場に皆さんがいたからこそ状況が動いたんだな、というエピソードが沢山ありました。

そこでお伺いしたいのですが、女性議員が影響力を持つにはどうすればいいんでしょうか？

木村　「これをやるんだ」っていう自分なりの柱があると、それが自ずと伝播して協力者が増えていくと思います。先程お話した日本版ＤＢＳの話も、最初に私が国会で質問したときは皆さん「何それ？」って感じでしたが、発信を続けるうちに賛同者が増えました。自民党議員が予算委員会で質問するのは狭き門なんですが、二〇二一年ついに、「あれ質問してみたら」と先輩議員が声をかけてくれました。

佐々木　性教育のことも文科大臣がご関心あるって聞きました。

木村　本当ですか。それもずっと抵抗されていたことでしたからね。

矢田　私も当選した時に、「この人ならでは」という柱を一つ持ちなさいと先輩議員からアドバイスされました。それに加えて、これだけはなんとか任期中にやりとげたいというものを持って、党派を超えて協力してくださる方と思いを共有していくこと。賛同を集めることができないと政策は絶対に前に進まないので、議会の中で共通の課題意識を持つ仲間を増やすことが大事だと思います。

尾辻　そうですね、案件によって立場がわかれるのはよくあることです。だから、ここでは立場がわかれたけどここでは共闘できる、みたいな繋がり方をちゃんとしておくと次につながると思います。

あとは、チャンスをもらったら断らないこと。私は国対に何かやれと言われたら、「ＹＥＳ」か「はい」しか答えません（笑）。野党であればスキャンダル追及を任されることだってあるかもしれないけど、そこで尻込みすると次のチャンスもやってこないので。私は、二〇〇七年の参議院選挙の繰り上げ当選で三か月だけ議員をやるんです。驚きましたが、立候補、つまりバッターボックスに立ってバットを振らないとボール（当選）はあたらないということだと思います。
柱というお話がありましたが、私の場合はマイノリティの声を届ける、制度化する、というのがはっきりとした柱ですね。自分もレズビアンで女性とのダブルマイノリティですし、介護現場での経験もあるので。ただ、多くの人の共感を得て過半数をとらないと勝てない小選挙区で闘っているので、マイノリティであることは評価されないという壁があります。私の場合、二〇〇七年の参院選から二〇一七年の衆院選当選まで一〇年かかりました。

●女性議員と小選挙区／「濁濁」な男社会で

――参議院であれば任期も長いしある程度専門性が発揮できるので党内でも多様性をもった人選がなされている印象です。衆議院の小選挙区選挙は、女性にはどういう点で厳しいのでしょうか？

木村　そもそも女性は厳しい選挙区に置かれがちです。自民党の公認があれば勝てるというところは往年の県会議員や世襲の先生方で埋まっていて、女性にチャンスがめぐってくることは少ないです。

尾辻　それは立憲も同じですね。小泉進次郎さんのところに誰が立つんだ、みたいな（笑）。絶対に勝てない選挙区に女性を置いて女性候補者数が増えたと言うのでは意味がない。女性の議員を本当に増やすなら、有力な選挙区に女性を立てなきゃならないですよね。

木村　影響力を持つにも、当選期数を重ねて意思決定の場にいることが結局は重要なんです。だけど小選挙区って勝ち続けることがどうしても一番のミッションになってしまうので、本当はこの政策をもっとやりたい、そのための視察も行きたいという気持ちがあっても、すべて地元の行事を最優先しなきゃいけなくなるし、有権者の方もそれを求めておられるので、そのせめぎ合いになるんですよね。特に小選挙区の衆議院議員は地元活動が本当に大変で、盆踊りなんか一日六箇所くらい回ったり、年末の夜回りも明け方の三時頃まであったりして体力勝負です。

尾辻 たしかに、参議院と衆議院の違いはありますよね。全国比例と小選挙区では動き方がまったく違いますし、確実に六年間任期があるのといつ解散になるかわからない状況では精神的にも違います。

——有権者の五割は選挙に行かないわけですから、投票率があと三パーセントでも上がれば、その「有権者に求められての活動」というところも変わるんじゃないかと思います。

尾辻 やっぱり比例中心の選挙制度に変えないと、女性比率も絶対上がらないと思います。小選挙区の土俵で女性が闘うことには限界を感じます。特にケア役割がある人はできない。

矢田 ずーっと地元、地元やもんね。国会でちゃんと仕事しようと思ったら、地元に帰ってばかりじゃやっぱり難しいんですよ。本来の私たちの仕事は、色んな人の声を汲み取って政策に役立てていくことなのに、お前全然帰ってこないな、ばっかり言われたらね……。

木村 小選挙区だと「あっちは来たけどあなたは来なかったね」みたいな比較は常にされますね。

——これだけ色々な政策を動かしてきたわけですが、それが選挙にフィードバックされないのですね。地元の方は今日お話されたような事例をご存知なのか、と。

佐々木　そのアピールも難しいですよね。性暴力やDBSの問題も、有権者で子を持つ親という方は全国にいらっしゃいますが、票にはならないと思います（笑）。大事なことに限って票にはならないですよね。マイノリティの問題がわかりやすいですが、やはり関心ある方は限られています。どうしても何回顔を出したか、というようなところが票になっているのがジレンマです。

矢田　私は電機労組の代表なので、半導体や蓄電池開発に予算をつけたかなど、産業政策へのアプローチと実績が皆さんの最大の関心事です。当然それも取り組みますが、根本にはまじめに働く人が安心して働ける社会を作りたいという思いがあるわけです。皆さん自身やご家族・友人が妊婦になる可能性もあるわけで、自分たちが課題と思うことは社会の課題であり、その逆も然りだと気づいてほしい、自分の課題意識と政治をつなげて考えてほしいと思っています。有権者の意識も大事ですね。

尾辻　あとはやっぱりワークライフバランスの問題ですよね。小選挙区の候補になると、朝街宣で駅に立った時に子どもの保育園どうするんだ、というところから問題が始まる。

佐々木　私も出産がちょうどコロナの時で、いま子どもは二歳なんですが、地元の会合など人の集まるものはなくなって、夜の会議なんかもリモートでいいよっていうのがすごく助かりました。コロナ禍でなければと考えると恐ろしいです。ワークライフバランスに反することを無理してやらないと政治家として活動できないのはおかしいので、新しい形も試行錯誤していきたいです。

尾辻　ルールをつくればいいんですよね。例えば堺市は政治倫理条例の策定や議会の申し合わせにより、お葬式の出席が必要ではありませんでした。

木村　夜の宴席もそうですよね。きりがない。

矢田　コロナの間は夜のお付き合いがなくなってラッキーやなと思ってました（笑）。私はパナソニックという男社会の企業で三〇年働きましたが、政治の世界の方がよっぽど男社会です。清濁併せ呑むどころか、「濁濁」呑まないとやっていけない、そこで踏ん張って嫌な仕事もやって出番をつくらないとこの世界では通じへんなというのを実感してきました。

――語れる範囲ではどういう「濁」をご経験されたんでしょうか。

矢田　昔の話になりますが、やっぱりやりたくない、自分は関係ないと思っているような質問でも、半分以上は国対の方針にしたがって指示通りにやらないといけなかったりするわけです。私なら、働く女性のことや電機政策のことを質疑したいわけですが、「そんなことよりこっちをやれ」とか。

あと、当時は毎日のように夜のお付き合いにも駆り出されました。野党で重鎮といわれるような方々が来るような会合には新人なんだから行って挨拶しろということで宴会場を連れまわされたり。勤めていた企業や組合ではそういうことからはもう卒業してたのに、また一からお酌してまわらなあかんのか、と思いました（笑）。正座して大先輩議員のお話を聞いたりね。

佐々木　野党さんもそうなのか、といったら自民党さんに悪いですが、大変なんですね。うちは、実はそういう夜のお付き合いみたいなのはなかったので。

矢田　企業もそうですけど、男社会では夜のお付き合いの場で決まっていくことも多いんですよね。

●ぜひ政治家に会いにきて

――最後に、これから政治を目指す若い女性にエールやアドバイスがあればお願いします。

矢田　私は政治にまったく無関心の人間だったので、自分が議員になってみてその重要さを痛感しています。これだけ生活や働き方に直結していることなのに、関心がなかった自分はなんと愚かだったのか、と。教育のあり方としても、なぜもっと政治のことを教えないのかと疑問を感じています。

若い女性は政治の世界では未だマイノリティですし、政界の常識を変える起爆材になれる可能性を秘めた、有難く貴重な存在です。その挑戦を受け入れる土壌を私たちが整えておかねばとも思います。もちろんなかなか一足飛びにはいきませんが、精一杯サポートします。ぜひ信念を持ち、自分の強みを活かして、「これだけはやりとげたい」という強い思いで挑戦してほしいと思います。

佐々木　私は普通の感覚をもって活躍してくださる方に増えてほしいなと思います。女性って、身近な問題や生活のことを通じて「これってなんかおかしくない？」ということも多いと思うんですよね。そうした潔癖さや正義感を政治の世界にもっとストレートに反映していければ、社会はもっとよくなるんじゃないかと思っています。

尾辻　女性ではあまりいないと思いますが、権力欲や承認欲求から議員になる、ポストを取ることを

座談会当日の様子（左から矢田、木村、尾辻、佐々木）。

目的化せずに、その議席、ポストで何がしたいのかをちゃんと持ってほしいですね。「あなたはなぜ議員になりたいのか」というのは一番聞かれます。そのストーリーを自分の言葉で語れるのはすごく大事なこと。

そして、議員になりたいならぜひ議員に会ってみてほしいです。議員になる方法って近所の人も家族も知らないので。議員になりたい、興味があると言えば、皆さん会ってくれると思います。自治体でいいなと思う人にアポを取ったりして、ぜひ行動してみてください。

木村　女性議員・女性首長がまだまだ少なく、政治家という職業に対してキャリアパスがイメージできない中で、今日お集まりの皆さんは、よくぞ志を立ててくださったと思います。たぶんこのなかで私だけが二世。でも世襲じゃないんです。二世なのに世襲じゃない議員って珍しいです。だけど政治家になるつもりはなかったのに、ひょんなことからこの道に進んだ人も、女性持ち前の真面目さと共感力ですごくいい政治家に成長する例も多い。まずは私たちが良き実績を示していくことですね。

政治の世界って生き物で、一寸先は闇です。だからできればバッジが外れても生きていける専門性みたいなものがあると望ましい。借金してでも選挙区にしがみつくのが政治家として正しい！　みたいな昭和の価値観は変えていかないと、女性が政治の世界に飛び込むハードルが高いままです。

そして当選を果たしても、次の選挙のための活動が必要になります。当選し続けることが目的になって、失礼ながら「あなたは一体何がしたいの？」と思えてしまう議員は多いです。ある程度の「濁濁」は飲んでも「これだけは」という根っこ、信念をきちんと大事にして育てていこうね、と伝えたいです。

座談会

相談の現場から／地方議員の醍醐味

二〇二三年一〇月二〇日実施 ※肩書は当時
聞き手＝西川有理子[1]

池田幸代（いけだ・さちよ）長野県駒ヶ根市議会議員、社民党所属。一九七二年、東京生まれ。新聞社勤務、田嶋陽子氏、阿部知子氏、福島みずほ氏の公設秘書などを経て、二〇一九年の統一地方自治体議員選挙で初当選。社会福祉士。九〇年代から、日雇労働者の街として知られる東京・台東区の山谷や新宿区の公園などで野宿生活者の支援やアウトリーチ活動を行ってきた。

いのまた由美（いのまた・ゆみ）宮城県仙台市議会議員、立憲民主党所属。一九七八年、北海道生まれ。ひとり親家庭で育つ。人と出会い、知り、学び、繋がりができて、政治家を志した。震災ボランティア、仙台市での子育てサークルづくりの経験を活かし、二〇一九年に初当選。乳幼児子育て支援、若年女性支援、貧困解消、障害者自立生活等をメインに取組んでいる。

本田まきこ（ほんだ・まきこ）埼玉県朝霞市議会議員、立憲民主党所属。一九七三年生まれ。神奈川県出身。公認心理師、臨床心理士、社会福祉士。学校現場でカウンセラーとして子どもと保護者の支援にあたってきた。現場の支援を充実させるためには、子どもや障害のある人を支える仕組みが必要だと考え、立候補。二〇一九年初当選。資格を活かして市民相談による援助とともに、市政の課題を発見して議会活動に活かしている。

●街を歩いて声を聞く

――普段のお仕事内容、力を入れて取り組まれていることについて教えてください。

座談会当日の様子（左からいのまた、池田、本田）。

いのまた　宮城県仙台市議会議員のいのまた由美です。議員の仕事というと議会で質問したり、議案の審査をするイメージが一般的だと思いますが、それ以外の時間には地域で議会の報告をしたり、そこで皆さんから要望などを受け取って役所や関係者と調整したり、あとは自分の興味関心から調査研究や、市民活動もしています。

池田　長野県駒ケ根市議の池田幸代と申します。私も普段、議会のない時間には一般質問のネタを探して地域を歩いています。ニュースレターのポスティングをしながら。毎回一〇〇〇部くらいです。都会だと一〇〇〇部って大したことないかもしれませんが、うちは地方なので一週間くらいかかります。

いま四年目ですが、最初はそうやって回っていても「誰なんだ？」という感じだったのが、最近は「頑張ってるね」という感じで声をかけていただけるようになりました。市議会議員を見たことがない、会ったことがないという方って結構いるんで

1　（にしかわ・ゆりこ）➡本書一七頁の注1を参照。

すよね。だけど顔を見て話をしたことがなければ、何か相談をしようとは思えないはずです。いつもそのへんをうろちょろ歩いている〝顔見知り〟だからこそ聞ける話があると思っています。ちなみに最近では高いサプリメントを買わされたとか、二〇〇万の朝鮮人参を買っちゃって、みたいな話も聞くようになって、宗教名目の悪徳商法の問題とあわせて、消費者問題についての一般質問をやりました。

議員の活動と並行して、労働組合の活動と、社会福祉士として相談を受けることも二年前からやっています。各地で手助けできる自治体議員にフェイスブックページで名乗ってもらって、何かあれば繋がれる仕組みを作りたいと思っています。地方の貧困って「人に言えない」という厳しさがあるんですよね。相談会で皆さんのニーズを聞いて、全国から服の寄付を募って希望者に配ったりするんですが、「去年は何を着ていたかわからない」という方もいました。今年の三月には連帯保証人をやっていた子が高校を卒業したんですが、親元ではネグレクトを受けていたということで、一六〇キロのゴミを運び出すような現場仕事もしました。消費者問題では弁護士の方と動くこともあるし、自治体議員の機能を最大限に使って活動しています。

あとは、地方なので有機農業とか松くい虫対策とか、鳥獣害対策とか。都会に住んでると想像つか

座談会当日の様子（池田）。

ないと思うんですが、そういうことも重要な課題です。里山が失われつつあるなかで街に降りてきた動物たちをどうするか、人口減少と高齢化に歯止めがかからないなかでどうすれば持続可能な地域をつくれるか、とかですね。私はずっと東京で活動してきたんですが、都会とはまったく別のベクトルからものを見る必要があると日々感じています。

本田　埼玉県朝霞市議会議員の本田です。埼玉県朝霞市は池袋まで電車で一五分、まさにベッドタウンという街です。この街が特徴的なのは、今の時代にあって、なんと人口増に苦しんでいるということです。私が当選した二〇一九年と比べても、すでに二万人増えています。小学校の教室が足りなくて、今度二校の増築が決まっていますし、保育園も毎年二園ずつ開園している状況です。地方交付税は、現在は少子高齢化対策に重点がおかれて支払われているものなので、うちのような街は優遇されず、財政は火の車です。

人口増の理由はいろいろありますが、コロナ禍では都心から少し離れたところへ移住するケースが増えたようです。都市計画としても、駅近くが高層マンションを建てられる地域なので、そのことも拍車をかけました。

そうしたなかで何が起きるかというと、一つはコミュニティづくりの危機です。子育て世帯がものすごく多いので、保育園を整備することは頑張ってやっているんですが、むしろそれしかない状態で、たとえば育休中の親御さんなどは孤独を強いられています。

ジェンダー平等の観点から言うと、埼玉県は女性と男性の進学率の差が全国で三番目[2]に大きい県です。M字カーブの深さも、今はやや改善していますが、一〇年くらい前までは全国六位[3]の深さでした。ここに恐らく関連しているのが、男性の通勤時間が全国四位[4]だということ。その部分を女性のケアで補っているんじゃないかと思います。私の住んでいるところは県南ですが、とはいえ都心から一時間くらいかかるので、女性のほうが早く退勤して地元にお迎えに行く、みたいなことが起きているんじゃないかと。

今、高校三年生と一年生の子どもがいますが、下の子が小学校二年生の時に学童保育に通う子が、通っていない子の人数を上回りました。当時保護者会の会長をやっていたのですごく覚えています。そんな風に変わっていく家庭像やニーズと社会制度のギャップを感じる街でもあります。

議員として力を入れているのは、障がいのある方、特に高次脳機能障害の方や、精神疾患のある方への支援です。やっぱりすごく偏見が強くて、地域生活に入れない人が多いので。日本は精神科の病床数がすごく多くてWHOからも指摘があるんですが、そういう方々が地域で暮らしていけるような支援の在り方を模索しています。あとはもちろん生活困窮の問題。最近では、ご高齢の単身世帯で家

2　朝日新聞デジタル「女子の大学進学率　男子と格差　45都道府県で下回る」二〇一八年一〇月九日付配信記事。
3　男女共同参画局作成『男女共同参画白書 平成25年版』コラム第1部「コラム4　M字カーブの深さ（都道府県別）」、二〇一三年。
4　総務省統計局「令和3年社会生活基本調査」、二〇二一年。

を借りられなくなった場合の支援など、住まい続けることのサポートなどにも取り組んでいます。

●傍観者からプレイヤーへ

――皆さん、共通して弱者に寄り添ったご活動をされていますが、そこにはどのような背景があるのでしょうか。ご自身のご経験が政治に結び付くまでのお話（なぜ政治家を目指されたのか）を教えてください。

いのまた　実は私自身ひとり親家庭で貧困のなかで育っていて、若年女性問題やＤＶも、そもそも身近な問題であるという意識なんです。

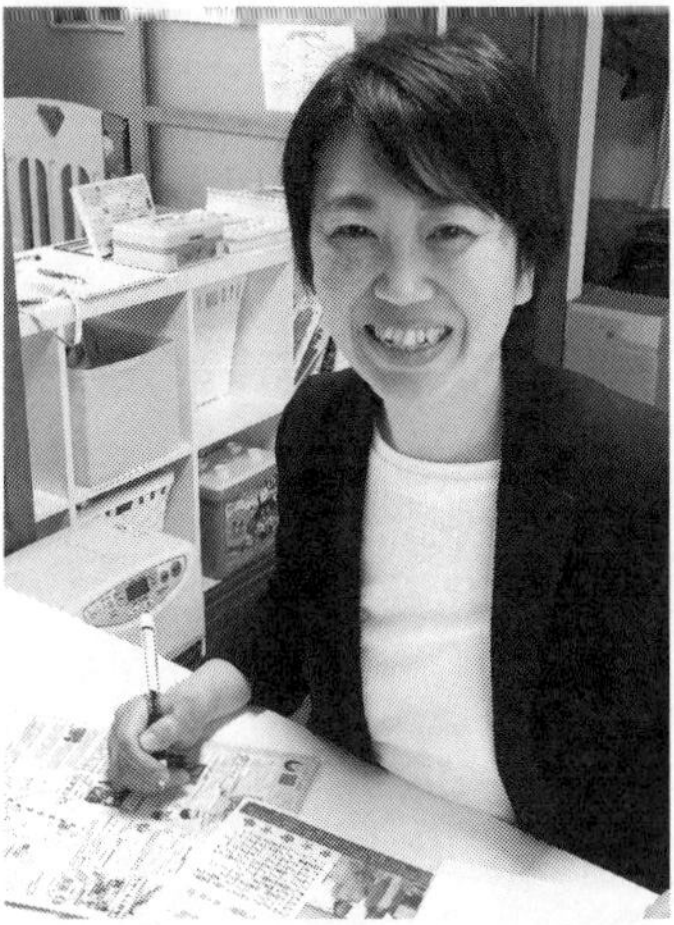

乳幼児親子や、若年女性の居場所づくりに携わるいのまた（本人提供）。

働き始めた後、二〇歳頃に「やっぱり大学に行ってみたい」と思ったんですが、お金を貯めきれなかったということがあったんですが、それでも田舎の網走から札幌に出ると、大学の先生が市民講座のような形で公開授業をやっていたりして、そこで勉強するようになりました。ボランティアで入れば無料になったりもするので、環境問題、ジェンダーのこと、アイヌの歴史、平和問題、労働問題などに触れて知識を蓄えました。そのなかで人権がないがしろにされている社会の在り方にも目がいくようになって、そこを変えていく方法もあると気づいたわけです。

私もそうでしたが、生まれた家庭や地域によって歩んでいく道が決まっていて、だけど自分はこれで幸せなんだと思い込む、思い込ませる環境というのがあると思います。風俗や水商売での仕事も自己決定で、自分にはそこしかないと思っているわけです。だけど、何かのきっかけで社会課題としてとらえる言説を手に入れたら、「そういうことも政治で選べるんだ、自己責任じゃなかったんだ」とハッとする。私も大人になってからそういうことに気づいて、選挙の応援などに行くようになりました。デビューは国政選挙だったんですが壁が高くて、地方議員を目指しました。ただ、そういう経緯でしたが、今は自治体議員というものが面白くてしょうがないです。国会、首長、地方議員といろいろな役割がありますが、たとえば首長だったら全体的な経営感覚とかも必要になってきますけど、私たち議員は一人ひとりそれぞれ得意な課題に取り組めるので、やることがいっぱい出てきて毎日楽しいです。

本田　私は元々教育委員会のなかにある教育支援センターというところで臨床心理士をしていました。ありとあらゆる相談があって、たしかにどれも学校や勉強のことに関わっていましたが、背景には生活困窮の問題があったり、あるいは精神疾患を抱えた家族がいたりと、社会構造の問題によるものも多く、限界も感じていました。そのたびに学校や教育委員会から言われるのは、お金がない、人がいない、制度がない、法律がないということだったので。今はようやく医療的ケア児の支援法もできましたが、当時は泣く泣く特別支援学校に行かざるをえないという御家庭もありましたし、合理的配慮という言葉も広がっていなかったので、みんなに合わせられない子どものほうが悪いという見られ方もありました。

そういうことを変えたくて、最初は今でいうスクールソーシャルワーカーのような形で、学校に行って三者面談に同席したりすることをやっていたんですが、先ほどの「お金がない、人がいない、制度がない、法律がない」という問題がある限り、つまりその状況を変える側に立たない限り、いつまでもイタチごっこだと思って、議員になったんです。

――それまで政治家の仕事は身近でしたか？

本田 実は政治とはまったく無縁の生活でした。もちろん親戚に政治家はいないし、母が町内会の活動で選挙の時にご飯をつくりに行っていたくらいで（笑）。私自身も投票は行くけど、デモなんかを見ても「なんかやってるな、うるさいな」という感じでした。

だけど今お話した通り、カウンセラーの仕事を通じて、社会の側が変わることができれば、と思う場面が沢山あって。親御さんやお子さんたちは、自分が悪い、自分の力でなんとかしなくちゃと思って私の元へ来るんですが、よく考えたら当事者に頑張らせるのおかしいよね、と。学校の側が変われればいいし、教育委員会が人をつければいいし、行政が予算をかければいい。そうやって社会が変われば、その人たちだけじゃない、多くの人が救われるわけです。そういうことに気づいて、「そうか、デモをやってるってそういうことか」と視点が変わりました。社会に目を向けたことで、傍観者からプレイヤーになった瞬間でした。

そういう経緯なので、普段の仕事の仕方もカウンセラーに通じるところがあるかもしれません。人とつながって、その人の課題解決に伴走する、伴走支援という言葉が自分のなかではぴったりくる感じです。一緒に役所に行ったりしながら、その方がどうなりたいかということを聞いて、それに向けてとにかく一緒に考える。変な話、そうやって一対一でつながるやり方は票にならないだろうって言われるんですが（笑）、そういうことはあまり考えていなくて。一人を支援していると、「実はこういう人がいるんです」とその人が連れてきたりとか、そういう活動を見ている人が話を聞いてほしいと連絡をくれたりもするので、結局は一人ひとりと真面目に向き合っていることが大事なのかなと思ったりします。

新宿で路上生活者と言葉を交わす池田（本人提供©野村和章）。

池田　私の学生時代は、セツルメントで活動したり、全国の大学生と南北問題について話し合う学生ＹＭＣＡというサークルにいたりと、若いころから政治が身近でした。そのなかでご縁があって、大学四年の秋から、山谷地区にある日雇い労働者向けの食堂で皿洗いのボランティアをやるようになって。日雇い労働者のおじさんたちが道端に寝っ転がっているような場所なので、当初はカルチャーショックもあったんですが、越年の経験などもしながらハマっていくようになりました。

大学卒業後、業界紙の記者として働き始めてからも山谷には通っていたんですが、ちょうどその頃、一九九四年には、新宿で野宿者の強制排除[5]があったんですね。それで新宿にも行くようになって、平日は仕事、土日は新宿という生活でした。たまごパトロールといって、ゆで卵をもって段ボールハウスを訪ね歩くことをしていました。九六年からは新宿の女性野宿者の会「心を開く輪」という活動として、野宿者の女性たちとお茶会をやったりしてきました。一〇年くらい、毎月一回やったかなと思います。

当時は記者の仕事をしていたので、千葉の児童養護施設で起きた凄まじい虐待事件[6]の取材にも行っていたんですが、体一つで生き抜かざるをえなかった方々の話が新宿で出会った方々に重なって、やはり社会構造の問題があると強く感じました。それで、当時は同じく野宿者支援をやっている事実婚のパートナーがいたこともあって、彼が外から変えていくなら、私は政治のなかから変えていこう、と。

5　一九九四年二月、東京都は、当時ダンボールハウスが軒を連ねていた新宿駅西口四号街路で、初めての大がかりな強制撤去を行った。通路の一部はフェンスで閉鎖され、追い出された人々には原則二週間の臨時施設での宿泊が勧められたのみであった。

6　千葉県船橋市の児童養護施設「恩寵園」で起きた施設内虐待事件。一九九五年に児童相談所に匿名の告発があったことで事件が表面化した。

もう一つ重要だったのはカウンター[7]の経験です。宇都宮健児さんの都知事選での辛淑玉さんのスピーチを聞いて、二〇一四年頃から参加するようになりました。それで、野宿者の人たちと出会う場所だった路上が、差別者やカウンターの人と出会う場所にもなって。今もそこにこだわって、地域の差別や偏見をなくすために防災士の資格を取得したり、反差別自治体議員ネットワークをつくったりと動いています。反貧困も反差別を掲げる仲間をどれだけ増やせるかというのをすごく考えています。

●地域をつなげる視線

本田　先ほど、池田さんが地方の貧困の話をされていましたが、そこを詳しくお聞きしてみたいです。女性にとってはどうでしょうか。

池田　地方の人口減少って、結局は若い女の人が戻ってこないことがテーマなんですよ。議会でも露骨にその話が出たりします。私も大学卒業後も東京に残って就職したのでわかるんですが、地方に戻ったところで、女が一人前として働けるような職場がないわけです。だからまずはまっとうに働ける場所が必要なんですが、その重要な一つである自治体に女性管理職がほとんどいない。駒ヶ根市の女性管理職の比率は三・六%、私が一般質問する時も、答弁者は全員男性です。民間には多少女性管

7　韓国・朝鮮人が多く住む東京の新大久保や大阪の鶴橋などで、人種や民族、宗教などをおとしめたり、それらへの差別をあおったりするヘイトスピーチ（憎悪表現）を含むデモが頻繁に行われていることに対し、対抗する行動や勢力。当時日本にはヘイトスピーチを規制する法律がなかったため、市民の間から湧き上がる形で運動が出現した。

理職や正規労働者がいるかもしれませんが、やっぱりコロナ禍では真っ先に切られていったりしていて、立場が弱いのは女性だなと感じます。あと、たとえば市役所で進めている仕事がテレワークだったりするんです。だけどテレワークで稼げるのって本当にカリスマ的な一部の人たちだけだと思うので。結局、女性労働者総体の働き方や待遇が底上げされないと解決しないと感じています。

私としては、市議会の女性議員でつくった女性議員連盟の活動として、女性の管理職がいるような企業を探して訪ねて行って、ロールモデルとなる働き方を考えるような機会をつくったり、地域の女性たちが語る場を増やしています。

――地方には地方ならではの地縁があると思いますが、貧困や女性の居場所の問題との関わりはあるんでしょうか。

池田　たとえば、うちは自治会の加入率が七五・六%なんですよ。だけど、高いから良いわけではなく、そうやって地域のつながりがあるはずなのに、生活に困っている人たちがそこから排除されています。新宿で野宿者支援をやっている時、地方から出てきた人の言葉として「東京に行けばなんとかなると思った」と沢山聞きましたが、地方には居場所がない人がいるということです。

一方で、政治家になるルート――たとえばJC（青年会議所）だったりPTAだったり消防団だったり――が地方はハッキリしていて、そこからは男たちが上がってくるので、階層がものすごく分かれています。私が「地域にこう困っている人がいますよ」と言っても、そういう方々は誰も知らない

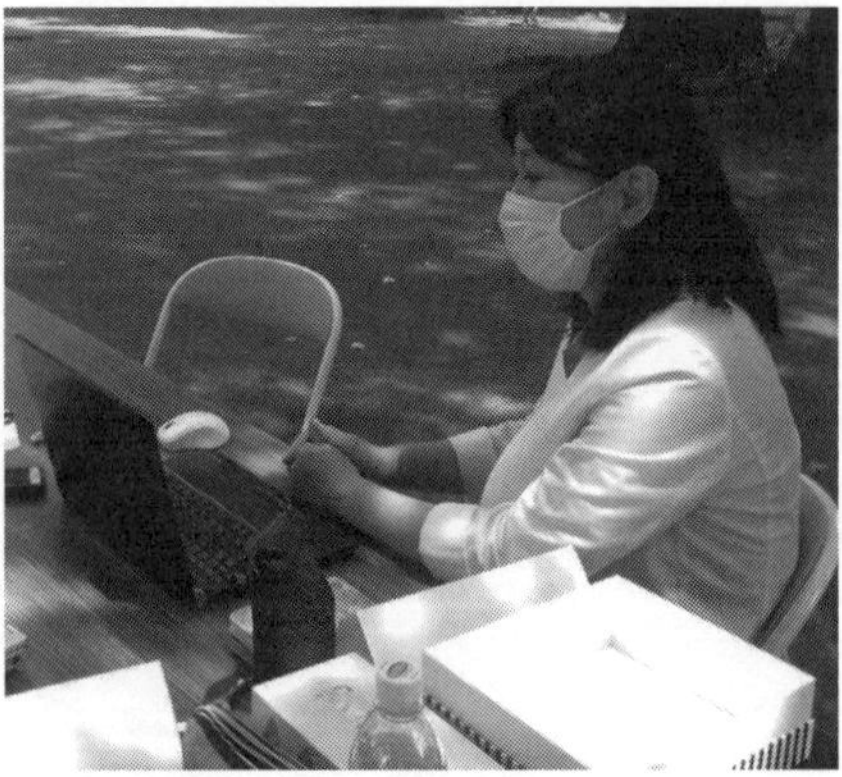

本田がコロナワクチン接種予約相談を公園で行う様子（本人提供）。

わけです。このプチ権力者クラブである地方の議会に、いかに現場感を持ち込むかというのは課題です。これは、先ほど本田さんがおっしゃっていた「票にならない」仕事かもしれません（笑）。だけど、じゃあ票になることしかやらないんですか？　という感じで。

本田　そうですね、底支えのある社会は、本来自分が取りこぼされない社会のはずなのに、と思います。

　朝霞市の場合、ついに自治会・町内会の加入率が四〇％を切りました。元々地元に住んでいた人が入っているんですが、人口増に追いついていない。一方で、地域とつながりたい、誰かと支え合って暮らしたいという人はいて、そこをどう繋ぐのかが大きな課題になっています。私はそれを「地域開発」と呼んでいるんですが、そうやって繋がりを求める人が集まる場所に行ってコミュニティをどう広げるかとか、維持するためのサポートをすることに力を入れたいと思っています。最近では、多胎児を持つ親のサークルに顔を出して、集まる場所がほしいと聞いて探したり、地域のバスケットチームのＯＢでつくる団体があるんですが、そこに公園のお掃除ボランティアを頼むことで毎月定期的に会える場をつくったりしてきました。

――皆さんのように地域の課題に地道に取り組む議員さんがたくさんいれば課題も解決していきそうなものですが……。

いのまた　私たちは、社会的に弱い立場にある人が虐げられている状況を変えたいとか、一人ひとりが尊重される社会や政治をつくりたいという土台が共通していますが、そういう目線で見えてくる課題に取り組んでいるということだと思います。より儲かる街にしたいとか、企業が世界一活躍できるようにしたいとか、強い国にしたいとか、別の目線を持っている議員ももちろんいるわけです。そうすると、同じ街、地域に住んでいても見えてくるものが違います。

ただ、たとえば私が、議会内では初めて取り上げるようなことについて発言すると、次の議会では別の議員さんが一所懸命そのことを言っていたりもします。それで、自分のニュースレターなんかで「私がやりました」と書くわけですが（笑）。

池田　あるあるだよね（笑）。

いのまた　一度発言していれば「やった」と言えますから。だけど、たとえば国政与党議員が「国会議員に話をつけておく」と言って頑張り始める課題もあるし、たとえ自分の手柄にならなくても問題が解決すれば地域の皆さんのためになるので、それはそれでよいと思います。

「票にならない」というお話がありましたが、マジョリティにとってはニッチな課題、たとえば公的書類に通称付記が認められるようになったとか[8]、そういうことって多くの人が気づくわけじゃないから票にならないかもしれないけど、私たちにとって必要な改善を進められるのは議員のやりがいだと思います。

●一般質問は闘いの場

——ここまで具体的なエピソードが出てきましたが、市民の声を拾う大切さやそのための工夫について何かありますか？

本田　たとえば先日、発達障がいのあるお子さんをもつ親御さんたちと、座談会のような場をつくってお話を聞きました。いま、放課後デイサービスという、障害福祉サービスを使う方がすごく増えているので、そのお話も聞きたくて。結果、数字だけ見れば、まるでそこへのニーズが増えている、市民に希求されているようにも見えるんですが、そうではないことがわかりました。学童の利用者が増えているなかで、障がいをもつ児童への支援体制が育っておらず、「うちでは預かれない」と言われたり、他の児童の親から「ここは合わないんじゃないか」と言われた結果、あるいはそもそも支援員の数が足りていなくて加配できないという問題もあって、「預けたいのに預かってもらえない」というのが実態だったんです。

8　仙台市議会の超党派女性議員が要望を重ね、当選証書に戸籍名に加えて通称を付記できると二〇一一年に認められ、その後全国に広がった。二〇一六年には選挙関係二二文書に通称付記が認められた。

親御さんのなかにはそれが原因で仕事をやめた方もいました。学童は朝八時からやっているので仕事前に預けられるんですが、放課後デイは企業がやっていたりするので開始も一〇時とかで、長期休みだと遅すぎるわけです。それで、地域でパートするしかなくて、きょうだい児もいてまだまだお金はかかるのに、そういう現実を知っていますかと厳しく投げかけられました。そうした、本当の意味ではまだ発見されていない地域の課題を見つけていくのも議員の大事な仕事だと思っています。

いのまた　工夫の一つは、ともに活動しながら学ぶこと。女性支援でも障がい児支援でも、支援現場にいることで吸い上げることのできる課題というのがあります。もう一つは、紙にせよＳＮＳにせよ、自分がどんな問題に取り組んでいるのか発信すること。

座談会当日の様子（いのまた）。

たとえば最近では、インクルーシブ教育をやっている市民団体に届いた声として、重度障がいのあるお子さんで、特別支援学校じゃなくて地域の学校に通うのに交通手段がない、というものがありました。それを、「いつも来てくれるいのまたさんに聞いてみよう、この間もそういう質問をしていたから」ということでご相談いただきました。

今回のケースでは、まずは当事者の親御さんと支援者で教育委員会に行ったり、相談支援事業所の方にも頼りながら、通学を希望されていた学校先ともケア会議を開きました。介護タクシーが必要だったので、通勤・通学時に利用できる会社を探したり。タクシー代についても既存の制度のなかで特別支援教育の奨学支援金を使って出せることを文科省に問い合わせて発見して。

私のほうではそれを議会に持って行って、一般質問を通して行政の側の言質を取るという重要な仕事をしました。こうやって一つ事例ができると、次にまた全国で同じように希望した方や自治体の足掛かりになるので、一人の問題に一所懸命取り組むことには大きな意義があると思っています。

池田　一般質問は闘いの場ですよね。私の質問は、仲間曰く「言葉は上品だとしても詰将棋のようにいや〜な質問」だそうです（笑）。だけどたしかに、それが私のやり方です。感情的に批判するのではなくて、「こういう資料と現実があるんですが、これについてどうですか」という、執行部が答えざるをえない状態にもっていく感じです。地域の中には私のような「物申す人」を潰したい人もいますから、潰されないよ、こちらはちゃんと証拠を持ってるよというのをチラ見せしていくテクニックを使います。

本田　本当にそうですね。地道にいろんなものを押さえて、「ほら、私は知っていますよ」と詰めていくしかない。あるいは逆に、役所の側はやりたいけどやらせてもらえないという場合もあるから、そういう時はうまく「使われる」こともあります。ボトルネックになっているのは地域の理解なのか、首長なのか、それをどうやって開かせるか、一緒に考えていく。執行部はただの敵ではないので、いろんな攻め方、方法があります。

実は今もバチバチの闘いをしているところです。具体的には言えませんが、市から児童扶養手当の資格喪失を迫られているというひとり親の方にご相談をいただいて。おまけにそれまでの児童手当も不正受給だから返すように言われている、と。子どもと父親を会わせていたことを事実婚状態にあるとみなされたとのことでした。自治体には講習を受けないと利用できないような手続きの煩雑な支援サービスしかないし、彼女は頼る人が見つからないまま子育てをやっていたわけです。

座談会当日の様子（本田）。

児童扶養手当の資格って、愛人として養われていることをにおわせるような記述と一緒に「そういう人には児童扶養手当を払わないこと」と書いてある一九八〇年の厚生省の通知[9]がまだ生きているんですよね。それもおかしな話ですが、「事情を客観的に押さえましょう」という通知も後から出ています。自治体の職員としては、その証拠を押さえるということ、たとえば通帳のコピーを確認するなどすべきだったんですが、そのようなプロセスをふまなかったのです。

さらには、当事者の方に個人情報の自己開示請求をしてもらって関係文書を押さえたところ、本人の筆跡じゃない

9　厚生労働省「昭和五五年六月二三日児企第二六号通知」。

座談会当日の様子（西川）。

日付が書かれた資格喪失届も見つかって。つまり、日付が空欄のまま彼女に書かせて、「事実だと判明したら日付を入れてもらう」と言って、自治体職員が勝手に日付を書いて提出してしまっていたということです。

資格喪失届は未然に止めることができたんですが、ご本人の了解をとって一般質問でも取り上げることにしました。彼女は一般質問の意味も知らなかったし、「自分が悪いんです」という様子だったんですが、これはありえない人権侵害なのだと伝えました。一般質問ではのらりくらりとかわされましたが、もう執行部は詰んでいるわけで。最終的には内部統制上の問題があるから事務を見直す、しっかり精査しますと言質を引き出すことができました。試合には負けたけど勝負には勝った、という感じですね。あれだけ緊迫してシーンとした議場は初めてでした。

――素晴らしい。

本田　何より、そうやってやり取りを続けるうちに、彼女も自分は怒っていいんだと気づき始めて。「私が動くことで、同じようなひとり親の人が助かるんですよね」と言ってくれたのがすごく嬉しかったです。そうやって、個人のなかに閉じ込められていた問題を社会にひらいていくのも議員の仕事の醍醐味だと思います。

池田　その彼女にとっても、自分の力と意思で社会を動かしたいい経験だったと思いますよ。

本田　実は彼女が先日また連絡をくれて、同僚が困っている、と。その方に「相談したらきっと大丈夫」と言ってくれたみたいです。

●地方議員の役割

――あらためて皆さんに、地方議員の役割についてお聞きしたいです。政治の力、手ごたえについていかがでしょうか。

いのまた　やっぱり議員って役所に対してすごく力が大きいと思います。私なら六〇〇〇票の重みをもって発言するわけですから、聞かざるを得ないわけで。

池田　私も、自治体職員にやれることの多さというのを日々感じています。制度や政策もそうだけど、個別支援についても議員だから動けることもあるし、行政の職員だけではやりきれないこともありますから。もっと議員を使ってほしいといつも伝えています。私はニュースレターに自分のスケジュールを載せていますが、これは議員はここまでできるんだというのを市民の皆さんにも、後に続く議員の方にも見せたいと思ってのことです。

働き方としては自営業っぽいんですよ。ある意味すごく実務能力が求められる仕事で、あらゆる段取りとか下ごしらえを全部自分でやる基礎的な仕事の力も必要。毎日自分で、あれやろうこれやろうと算段するわけです。

本田　意思決定の場で権力を持っていることの重さはあると思います。さっきの話も、私がただの一支援者じゃなくて、議会に席を持っている議員だったからこそ、永久に残る議事録に「市の課題」を刻めたわけです。

ただ、実は私がそうした手ごたえを感じ始めたのは三年目になってからでした。それはやっぱり、少数会派に属しているということもあって闘い方がわからなかったということが大きかったです。議会内でも執行部に対しても、のれんに腕押し状態だと感じた時もあったし、なかなか具体的な事実が押さえられないこともよくありました。野次などもそうですね。それはこちらをトーンダウンさせるための戦術でもあるんですが、そういう議会や政治の約束事みたいなものを知って納得するのに時間がかかりました。だけど勉強するのをやめないと決意して、とにかくいろいろな研修に出たし、徹底的に通知や通達、あらゆる議事録なんかを読み込むようにしました。そうすると、執行部も「この人には嘘をつけない」ということで一目置いてくれるようになるわけです。

多数決の採決では負けることもありますが、討論で何を言うかもすごく大きなことです。賛否だけじゃないんですよ、議会は。そうやって努力を続けてようやく、「予算が少し増えてるな」とか、少しずつ成果というのが見えてくるようになりました。

いのまた　たしかに、議会内では自分の主義主張や立ち位置が多数勢力や首長とどういう関係性にあるかによって、成果をあげるための方法は変わってくると思います。地方自治体であれば、首長にとって与党かどうかとか。私は与党ですが、本田さんは少数野党の立場で踏ん張ってこられたわけです。

本田　会派を選ぶのは本当に大事ですね。野党はきついけど、じゃあ与党に入ったからといってラクでもない。与党だからこその苦労があったりしますから。

――最後に、地方議員はどんな方に向いていると思うか、また、どんな経験を積んできた方におすすめしますか？　読者へのメッセージとあわせて教えてください。

いのまた　私はどのような方でも向いていると思っています。議会で皆さんの質問を聞いていても、本当に誰もが「その人ならでは」を持っているんですよね。今の議員は年配男性に偏っているから、新しい人はそれまでの暮らしの中から必ず何か固有の視点を活かせる。むしろ、夢のない話ですが、これから政治家を目指す女性は、資産やバックがある方以外は、手に職があるとチャレンジしやすいと思います。やっぱり落選とかもあるので。私も何回か落選したあと看護学校に行って准看護師免許をとって、再チャレンジしました。議員に向いているかどうかと当選できるかどうかは別ですが、意欲があって落選のリスクを背負える人なら誰でも向いていると思っています。

池田　人をつなぐことに楽しみを発見できる人、社会問題に意識を向けてきた人はもちろん、何か専門分野があると力を発揮できると思います。私も一昨年社会福祉士の資格を取って、成年後見人を引き受けられるように勉強中です。

あとはやっぱり、これから政治家を目指す若い女性には、ぜひ自分の仲間たちとのネットワークをつくっておいてほしいと思います。女性が信念をもってのし上がっていこうとすると、必ず跳ね返りがあるものです。悪意も向けられることになります。そうした時に、「私はそうは思いませんよ」と言い返していくこと、それを一緒にできる仲間をつくっていくことを、ぜひやってほしいと思います。

本田　どんな経験を積んでおくかということよりも、自分のこれまでの経験をじっくり振り返ることのほうが大事だと思います。その当時は自分が悪いと思っていたことでも、政治が変われば変えられたことが見つかってくると思うので。

私も実は離婚してひとり親になった経験があるんですが、その時に高等職業訓練促進給付金をもらって大学に行き直したんですね。実は最初、あなたが行きたい大学には適用できませんと言われたんですが、自分で要件を確認して役所と交渉して勝ち取りました。あの時はそれが行政課題だなんて思っていなかったんですが、私がもし政治家としてその場面に出会っていたら、絶対一般質問やると思います（笑）。

池田　転んでもただでは起きない（笑）。

本田　どういう政策を訴えようかという時も、そんな自分の経験が絶対に生きてきます。地方議員の仕事は今日のお話にもあったようにすごく地道なものだけど、あきらめなければ必ず変わることがあるから一緒に頑張ろうとお伝えしたいですね。

第4章
障壁を乗り越える

第4章◆解説

ここまで、国会議員も地方議員もそれぞれ重要な役割があり、女性政治家たちが楽しく、使命感を持って日々の活動に取り組んでいることをみてきました。しかし、いくらやりがいのある仕事とはいえ、子育てなどのケアワークと両立させることは簡単ではなく、プライバシーが守られなかったり、ハラスメントに遭ったりすることもあります。選挙にはお金も必要だし、落選のリスクもあります。女性政治家たちはそうした障壁をどのように乗り越えてきたのでしょうか？

「女性政治家とワークライフバランス」の座談会に登場する五人の女性政治家は、子育て経験があり、任期中に出産を経験した人もいます。独身時代と比べて、子どもが産まれてからは綱渡りのような生活を続けているのが実態です。「家族だけではない仲間がいてこの活動ができている」（高木かおり）というように、自身の子育てもまた支え合うような関係性を作りながら乗り越えていっているようです。

「政治って本来は究極のケアワークなはずで、だからこそその大変さや喜びを知っている人に政治の現場に出られるようにしなきゃいけない」（吉良よし子）。これはその通りで、ケアワークの経験を実際の政治活動に活かしていることが五人の経験からもわかります。森まさ子さんは女性活躍担当の首相補佐官として、子育て中の秘書官をあえて任命しています。将来の官僚幹部に子育て経験がある女性が就けるよう人事権を行使することも、ケアの経験がある政治家ならではといえます。

子どもが小さいうちは体力勝負になりますが、大きくなってくると親としてまた別の課題に直面をします。子どものプライバシーが守られなかったり、親がバッシングされているのを子どもが見てしまい傷ついたりすることへの対処などです。政治家もまたひとりの親なので、多感な子どもたちの成長をどう支えるのかを悩みながら、それぞれの親子関係を築いているのです。

新しい選挙文化を

家族が政治活動に納得し支えてくれても、有権者や支援者、議会関係者の理解が得られないことは多々あります。「『二四時間戦えますか』モデルにすごく苦しみました」（伊藤たかえ）というように、日本の選挙はいまだに昭和モデルが続いています。

日本は選挙期間がとても短く、短期間で名前を浸透させるために、選挙期間中は候補者の名前ばかりが連呼され、その人の人柄や政策について深く知る機会が乏しいのが実情です。公職選挙法は「べからず法」というぐらい禁止事項が多く、また運用も不透明なために、新しい選挙スタイルを試すことがリスクになりかねません。

さらに、子連れでの選挙運動は一八歳未満の子どもの選挙運動禁止と抵触しかねません。濵田真里さんも関わる「こそだて選挙ハック！　プロジェクト」や伊藤さんの国会質問を通じて、総務省は子ども連れの選挙に関するQ＆Aを二〇二三年三月に公表しました。規定が明確になったのは一歩前進ですが、子どもが政治に参加する権利を含めて、広く議論が必要でしょう。

実際、妊娠中や子育て中の議員が選挙に出ると、「子どもがかわいそう」といった視線を浴びます。切迫流産の危険性から国会を休まざるを得なかった吉良さんには有権者から「子どもを産ませるために国会に送ったんじゃない」、出産と議決のタイミングが重なった永野ひろ子さんには議長から「車椅子で這ってでも来てもらう」など、酷い言葉が投げかけられています。子どもの生命に関わることですから、政治家が正々堂々と産休・育休等を取れる仕組みが必要です。

永野さんらの出産議員ネットワークの活動の結果、今では多くの地方議会で産休期間の規定が設けられるようになりました。今後は有権者の理解を深め、政治家が出産、子育てを行うことが当たり前の政治文化を作っていく必要があります。

ハラスメント

有権者や同僚議員からのハラスメントも、女性が政治参画することを妨げる障壁になっています。政治分野における男女共同参画推進法によって、政党は努力義務として、議会は責務として、ハラスメント防止体制を構築することが求められるようになりました。

相談窓口を設ける政党も出てきましたが、高橋まきこさんの経験からは、まだまだ運用には課題があることが見えてきます。特に同じ党内で起きるハラスメントは「パワー関係の難しさ」（高橋）から、問題がこじれがちです。解決しようと介入する議員たちも、問題を正確に理解できず、間違ったアドバイスをすることもあります。政界が「世間一般とかけ離れたホモソーシャル」（佐藤あつこ）であることが、解決を難しくしている面があるので、第三者や専門家を交えた相談体制の構築が不可欠です。地方議会では少しずつ制度が整えられようとしています。

また、有権者や支援者のなかには、女性をコントロールしたい欲望を持っている人もいて、しつこくつきまといをする例も見られます。東友美さんの場合は引っ越しをせざるを得ない状況に追いこまれています。候補者や議員の住所公開は近年では大分配慮されるようになりましたが、女性がいなかった時代には問題とされなかった慣行の見直しが必要です。

被害に遭う女性たちを支援する仕組みはまだまだ不十分です。政治家であることでかえって被害を言いにくいということも指摘されています。濵田さんが展開する民間団体による支援や相談窓口は貴重な存在です。

ここまで見てきたように、女性が政治家になるには様々な障壁に直面することになります。それを楽々と乗り越えられる女性だけが政治家になるのであれば、いつまでたっても政治は「特殊な職業」のままでしょう。それをうち破っていくのは、「わからないものはわからない」（吉田はるみ）、「ならぬものはならぬ」（佐藤）と言う強さを兼ね備えた女性政治家たちです。「政治には変わるべき時、変化への機運が高まる時というのが必ず訪れます」（吉田）。一人ひとりの闘いが、次に続く女性たちの道を広げているのです。

座談会

女性政治家とワークライフバランス

二〇二二年一〇月二七日実施　※肩書は当時
聞き手＝三浦まり

伊藤たかえ（いとう・たかえ）参議院議員、国民民主党所属。一九七五年生まれ、愛知県名古屋市出身。金城学院大学文学部国文学科卒業後、リクルートマーケティング局、テレビ大阪報道スポーツ局、リクルートマーケティング局等を経て、育休中の二〇一六年に公募から立候補、初当選。当時、日本初の育休中の国政立候補には多くの批判が寄せられた。現在、超党派ママパパ議員連盟および生殖補助医療議員連盟の事務局長を務める。九歳・七歳女児の母。

吉良よし子（きら・よしこ）参議院議員、日本共産党所属。一九八二年生まれ、高知県出身。文教科学委員会、決算委員会、資源エネルギー・持続可能社会に関する調査会。党青年・学生委員会責任者。二〇一三年の初当選以来、ブラック企業名公表、就活セクハラ相談窓口設置等を実現。現場の声を力に、人権侵害の校則問題やフリーランスの働き方、ハラスメント、性暴力などを追及。学費や学校給食の無償化にとりくむ。

高木かおり（たかぎ・かおり）参議院議員、日本維新の会所属。一九七二年生まれ、大阪府生まれ。三菱信託銀行（現・三菱ＵＦＪ信託銀行）勤務を経て、二〇一一年、大阪府堺市議会議員に初当選。母親の視点から教育の無償化や子育て問題、リカレント教育推進に取り組む。二〇一六年、参議院議員選挙大阪府選挙区において初当選。

永野ひろ子（ながの・ひろこ）東京都豊島区議会議員。一九七二年、千葉県生まれ。大手金融機関を経て、二〇〇〇年に行政法務事務所開設。二〇〇三年、最年少（当時）で豊島区議会議員選挙にて初当選。二〇〇八年・二〇一〇年、豊島区現職議員で初めて出産。出産議員ネットワーク代表。

森まさこ（もり・まさこ）参議院議員、内閣総理大臣補佐官、自由民主党所属。一九六四年、福島県生まれ。一九九五年、弁護士登録。一九九八年、弁護士事務所設立。翌年、出産したばかりの長女を連れてニューヨーク大学ロースクールに入学。二〇〇五年、金融庁入庁。二〇〇六年、福島県知事選に立候補、落選。二〇〇七年、参議院議員選挙福島県選挙区にて初当選。法務大臣、内閣府匿名担当大臣、特定秘密保護関連担当大臣、女性活力・子育て支援担当大臣などを歴任。

座談会当日の様子。左から森、高木、吉良。

● 子育てと政治家

——まずは自己紹介をかねて、ワークライフバランスという観点から簡単なご経歴をお話いただけるでしょうか。

森　初当選は二〇〇七年でしたが、最初に出た選挙は二〇〇六年の福島県知事選でした。当時、子どもたちは四歳と七歳、保育園児と小学校一年生でした。選挙に出るまでは二人を育てながら金融庁に勤めていたんですが、当時は国家公務員が選挙に出るということはすなわち元の職場には戻れないということだったので、立候補はキャリア上の一大決心でした。

金融庁に入った時も、「子どもがいる人はここで働けませんよ」と言われて。実際、女性は皆さん独身か、結婚していても子どものいない方ばかりでした。「九時—五時勤務」といって、朝の九時から朝の五時までの勤務があたり前だったので、子育てをしていると事実上働けないんですよね。もちろん今はかなり改革されていると

1　（みうら・まり）➡奥付を参照。

座談会当日の様子。左から伊藤、永野。

は思いますが。

さらにさかのぼって金融庁に入る前は、一〇年ほど弁護士をやっていました。上の子を授かった時にニューヨーク大学のロースクールに入学したので、〇歳の赤ちゃんを連れての子連れ留学も経験しています。これは、行く前は周囲に猛反対されたんですが、行ってみれば天国でした（笑）。ニューヨークでは〇歳児を育てながらロースクールに行くのはあたり前のことで、赤ちゃん連れの女性弁護士が世界各国から来ていました。大学内に保育園があって、朝はそこに預けてから勉強をして、おっぱいが張ってきたらあげに行く感じです。子育てしながら働くのも学ぶのも普通だということにカルチャーショックを受けて、日本もそうしたいと思った原点でもあります。

高木　私は二〇一一年、三八歳の時に初めて政治の世界に飛び込み、市議会議員の二期目を務めている途中で参議院議員選挙に挑戦して現在に至ります。

初めての選挙の時、子どもたちは幼稚園の年中と小学校の低学年。まだまだ手のかかる時期で、子連れ選挙活動になりました。子どもたちの祖父母も手伝ってくれましたが、いつもというわけにはいかなくて子どもを連れて朝夕の駅立ちに出たり。そうすると、子どもが可哀想だとか、そんなことをしてまでよく立候補したな、とか言われるわけです。そういう言葉を一身に受けながら、とはいえ皆さんの期待も背負っているので負けるわけにはいかないという苦しい選挙でした。そして当選後も茨の道が続くんですが……、まずはこまでで（笑）。

吉良　私は二〇〇九年、二六歳の時に初めて都議選に挑戦しました。初当選は二〇一三年の参議院選でしたが、その二年後に一人目の子どもが生まれています。二期目の時、二〇二〇年に二人目の子どもが生まれて、現在は小学校一年生と一歳の子を抱えて活動しています。

二六歳で選挙に出た時には志だけで頑張ることができたんですが、子どもを産んでから、特に二期目以降はそうはいきません。夫も区議会議員の仕事をしているんですが、たとえば今日なんかは夫が朝宣（朝の宣伝活動）の日なので、朝起きて子どもたちにご飯を食べさせ始めたところで彼が出て行って、その直後に上の子を学校に送り出し、下の子の保育園の準備をして、帰ってきた夫にバトンタッチして保育園へ送ってもらい、私は一〇時からの委員会に急ぐ、というような（笑）。まさに綱渡りの日々です。

永野　東京都豊島区議会議員の永野です。初当選が二〇〇三年なので、政治家になって早二〇年というところです。今は上の子が中学二年生、下の子が小学校六年生です。

私も最初に立候補した時には独身で、「捨てるものはない」という心境でした。行政書士として豊島区で仕事をしていたので即戦力になれるという自負もあって、選挙のせの字も知らないまま飛び込んだ形で。ただ、選挙中から若い女性の候補者ということもあってストーカーのような人も出てきたり、住所を公開しなければならなかったりと苦労がありました。事務所の住所を公開すればよかったんですが、先輩議員の力が強いなかで一人暮らしの自宅住所も公開せねばならず、怖くて洗濯物も干せないような状況で。

二期目当選後、二〇〇八年に上の子を出産しました。ちょうどその翌年、豊島区はフルタイムの満点でも待機児童が発生して。二人目の子を授かっていましたが、「保育園落ちた、どーすんだ私」となりました。

私はワンオペ状態だったので、タクシーであちこち行く際の車内が大切な親子の時間で、そこで本を読んであげたりおっぱいをあげたり。その時間が本当に貴重だったので、わざわざタクシーで移動するようにしていたくらいです。

伊藤　私は民間企業を経て、二〇一六年に初めて立候補しました。当時子どもたちは一歳と三歳で、おっぱいも飲んでいました。実は当時勤めていた会社を育児休業中だったので、育休中に国政に出た初めての例となりました。これはマスコミにもいろいろ書かれて、猛烈なバッシングを受けました。

当選後は一歳と三歳ではちょうど保育園に入れず、実家のある愛知と国会を五時間半かけて往復する生活を一年間やりました。ただ、七〇歳の両親が九〇歳で認知症の祖父母の介護をしながら孫の面倒も見るダブルケア状態のなかで倒れてしまい、それを機に子どもたちを連れて東京に出てきました。

待機児童だったので執務室がキッズスペース化することになって、当時石川県で働いていた夫が見るに見かねて地域限定社員として東京に転勤してくれることになり、今は夫婦で協力と交渉を繰り返しながら子育てをしています。

森　子どもをどちらに住まわせるのかという問題、ありますよね。私も新幹線で宿題を見てやったりしながら、子どもを連れて福島と国会を行き来しました。トンネル開通式のテープカットのような行事にも子どもと一緒に出たりして。幼児と手つないで仕事をしているとバッシングを受けましたが。

福島県知事選立候補前の森と二人の子どもたち（本人提供）。

●残業のない大臣補佐官室

――森さんは補佐官として部下にあたる秘書官を選ぶ際、育休明けの方を探したと伺いました。

森　はい、今は総理補佐官として官邸で仕事をしていますが、議員会館の秘書とは別に秘書官として官僚を二人つけていただけます。最初は〝独身ムキムキマン〟の履歴書を見せられたんですが、私は女性活躍担当の補佐官だから赤ちゃんを育てている人がいいと希望しました。そしたら「そんな人いません」と言われて、丸二日間喧嘩して（笑）。「いないわけないでしょ」と。結局子育て中の女性と男性を一人ずつ選びました。

伊藤　大臣の先生方皆さんがその方針になれば、官僚もこぞって育休とるんじゃないでしょうか。

森　そうなればいいですよね。他にそういう方はいらっしゃいませんが……。

　内閣府の特命担当大臣を務めた際も、初めから決まっていた男性秘書官の後に女性を採りましたが、該当する人材を探すのに苦労しました。「大臣の秘書官たるもの一五年選手でなければならない」と言われて。内閣府のなかに入省一五年目の女性がいない、ということです。結婚や出産、夫の海外転勤などでほとんどやめてしまっているんですね。それで、「ちょっと飛び級してもいいから」と言うと、ちょっとの飛び級では済まない。七年飛び級しなければいけないということで、結局入省八年目の方に来てもらいました。ちゃんと大臣秘書官の仕事をできましたよ。働き方、使い方が重要だということです。

座談会当日の様子（森）。

　ちなみに今回も「総理補佐官の秘書官たるもの一〇年選手でなければ」と言われたんですが（笑）、入省一〇年目といえば例えば二三歳で就職したら三三歳じゃないですか。年齢的にも結婚したり、出産したり、育休に入っています。だから「女性がいない」という返事だったのですね。結局、一人目は育休を終えたばかりの女性にお願いしました。彼女は七歳と二歳の子育て中なので、官邸にはほとんど来ていません！（笑）。だけど、リモートで仕事をしてもらっているのでなんにも支障がないわけです。コロナ禍では下の子のクラスに濃厚接触者が出た、今度はお兄ちゃんがなっちゃいました、と延々と休むことになりますから（笑）。今日の日程調整だって在宅勤務でやってくれましたし、別に私と一緒にいなくても仕事はできるんです。

もう一人の男性は、「男性育休をとった経験のある人」とお願いしたらまた「いません」と言われてしまって。「じゃあ今現在とっている人を」と言うとそれならいるということで、その人が育休から復帰されるのを待つことにしました。その方にとっては育休中に秘書官が内定したということですね（笑）。

――大変お忙しいイメージがあるんですが、そうした働き方も可能なんでしょうか？

森　うちの補佐官室は絶対に残業もなしで、五時一五分が定時です。だって保育園のお迎えがありますから。私が一番時間を気にしていて、「もう行きなさいよ」と送り出していますが、なんの問題もありません。つまり、これまでの仕事に無駄が多かったということでしょう。

ただ、任命当初は子どもが熱を出しても「言い出せない」という苦労がありました。最初に叱ったのはそのことでしたね。お迎えはどうしたのかと聞くと、配偶者（夫）の方が行った、と。配偶者の方は他社勤務なんですが、そのトップは女性で、ワークライフバランスを徹底しているので、子どもが熱を出したら帰れるわけですよ。それを聞いて、まずはあなたもすぐに帰りなさいと言うと、おずおずと明日も休みたいと言うので、「もちろん明日は休んでもいいし、次は必ずあなたが迎えに行きなさいよ！

あちらの上司と（部下のワークライフバランスを）競ってるんだから！」と言いました（笑）。

最近は本当に堂々と申請してくるようになりました。運動会なんかの行事もそうだし、その翌日には振休があるので、その分も休んでいいですか、等々。「よく言った、もちろん休みなさい（テレワーク含む）」と言っています。

――そういう上司や先輩が職場にいるというのは本当に頼もしいことだと思います。

森　金融庁にいた頃、赤ちゃんを産んだ人はみんな図書館の本の整理係に回されていたんです。政策や国会答弁をつくるようなところは夜中まで働かないといけないから「可哀相」という理由でした。だけど工夫をすれば残業しなくても働けますから。そうやってキャリアラインから外されると、はっと気づいて子どもが大きくなった時には同期はみんな昇進しているのに自分は取り残されるということになる。そういう現実を見てきたので、私は子どもを育てている人にこそ、官僚のトップにのぼってほしいと思っています。うちの秘書官二人にも、ぜひ最後は事務次官をやってもらうべく育てているところです。

先輩としては、党の後輩女性議員を見かけたら「子どもどうしてるの？」と、とにかく声をかけるようにしています。男性議員からはなかなかそういう声掛けはないと思うので。あとは、お食事に連れて行って愚痴を言いまくってもらう場をつくったり。子育てとの両立は自分がやってきた道なので、「大丈夫だよ」と伝えています。吉川ゆうみ議員の出産の時にはすぐに病院に面会へ行きましたし、松川るい議員の子どもたちも、家族連れ勉強会でうちの娘が面倒を見たり。ちなみに松川るい議員は、私が国際女性会議WAW！の担当大臣だった時に担当官僚として来たところを「あなた政治家になりなさい」とスカウトした経緯もあるので。「興味はあるんですが、子どもが小さくて」と言われたんですが、「大丈夫、（選挙の時は）うちが預かりますから（笑）」と口説きました。

●家族の壁、現職出産の壁

――皆さんも選挙の際から当選後まで様々なご苦労があったことと思いますが、特に印象に残っていることはありますか？

座談会当日の様子（高木）。

高木　私の場合、立候補に際して家族の反対がありました。これはたぶん、皆さんが通る王道の関門なのだと思いますが。私は勤めていた銀行を寿退社した後は専業主婦をしていたので、子どもたちにとっては「いつも家にいるお母さん」でした。家族にとってはまさに青天の霹靂だったと思います。

実父はノリノリで大賛成だったんですが、他の家族はみんな大反対という状態で、特に夫からは「母親が議員だと子どもたちがいじめられるんじゃないか」、「どう責任を取るんだ」と心配されました。やっぱり子どもを出されると何も言えなくて。だけど、そもそも子どもを取り巻く環境をよくしたいと思って立候補したので、我が子を幸せにするためには我が子のお友達や、お友達のお友達みんなが幸せにならなければならない、という決意と持論に支えられました。子どもたちにも直接思いを聞いてみたんですが、まだ小学生と幼稚園だったので、おそらく意味もわかっていないまま「お母さんがやりたいなら応援する」と言ってくれて、なんとか選挙を乗り切りました。

ただ、地方議員時代は会期なんかの日程が決まっているので、ある程度は予定が立てやすかったんですが、国会は本当に日程が決まらないし、大阪と東京を行ったり来たりで、子育ての状況は厳しくなりました。子どもが小さいうちは単に体力を消費して面倒を見ればよかったんですが、大きくなってくると心のケアも必要ですし、やっぱり直に話を聞いて抱きしめてあげる時間も大切なわけです。そうした苦労を男性議員の方々に「お弁当をつくりに帰ってるんだよ」と美化して頂くのですが、もちろん私はそうした状況をよしとは思っていません。

森　私も最初に選挙に出た時には、実家の父と夫の大反対にあいました。子どもが小さかったので、夫は「どうやって面倒を見るのか」と。彼も働き盛りの弁護士だったので、当時はまったく家に帰ってこれない状態だったということもありました。とにかく何度も家族会議をして。あの時は、結婚する時と同じくらい、「なぜこの人と一緒にいるのか」、「家族って何？」という問題に行き当たりましたね。

私は福島県の貧困家庭に生まれて、高校時代から働きながら育ってきたんですが、そのなかで周りの福島の人に本当によく助けてもらいました。だから福島県のために選挙に出てくださいと言われて、自分の経歴を活かして少しでも福島をよくできるなら、と思い詰めていたんですよ。そういう思いがあるから立候補も譲れなくて、夫には「こんな私が気に入らないなら一緒にいられないよね？」というところまで話しました。そうしたら夫が、「君を好きになったんだからしょうがないよね」、「協力するよ」と言ってくれたんです。

結局、家族で福島に引越して、夫は新幹線で東京まで仕事に通うというところまで決めたんですが、落選いたしましたので（笑）。子どもはお友達にお別れまで言っていたのに（笑）。だけど、そこまで突き詰めて準備をしました。

――ご夫婦で徹底的に話し合いをされたんですね。

森　お互いの人格をどこまで認めあえるか、という状態でした（笑）。今はすごく協力してくれます。

吉良　私の場合、現職中に一人目を妊娠出産した二〇一五年が本当に大変でした。一一月の出産予定だったんですが、八月の時点で出血があって病院に行ったら切迫早産で「即入院」と言われてしまい。二〇一五年というのは安保法制で国会が大荒れの時で、通常なら六月に終わる国会も延びに延びて九月頃まで続いた年でした。八月中も国会があったので欠席せざるをえなくなり、何より入院中に安保法制が採決されてしまって。

国論を二分する重要法案だったので、その採決の場に吉良がいないとは何事だ、と批判の声もありました。支持者を名乗る方から「子どもを産ませるために国会に送ったんじゃない」というメール

妊娠中、文教科学委員会で質問に立つ吉良（本人提供）。

があったりして、それはもう大ショックでした。論戦の状況は入院中のベッドで見ていたんですが、それでまたおなかが張っちゃってドクターには「国会中継見るのやめなさい」と言われました。

　私自身も出席できないことが本当に悔しくて。欠席していても意思を表示したいという強い思いもありました。以来、たとえば議事録に欠席した○○議員はどういう態度であると残す仕組みをつくるとか、何か対応が必要なんじゃないかと様々な場面で言ってきました。もちろん意思表示として欠席される議員もいらっしゃると思うので、意思表示をしたいけど欠席せざるをえないという場合に、適応されるような方策を、と。

　ただ、単純にオンライン出席が認められればそれで済むのかと言えば、私自身のケースに照らしても一概にそうとは言えません。点滴を刺していて絶対安静の状態でしたから、そこでオンライン国会のために質問準備をして……というのは考えられないことです。

森　女性だけじゃなくて男性だって突然ご病気になる場合も、事故もありますしね。

　だけど現職で吉良さんが産んだっていうのは、男性議員たちにとって、ものすごくよかったと思います。おなかが日に日に大きくなっていく吉良さんが質問にも立って、そしてある日生まれました、というリアルを間近で見るショックが必ずあると思うので。それが通常のことなんだという認識につながればと思います。

永野　私もまさに任期中の妊娠出産が大きな壁でした。二期目の時に初めて出産しているんですが、所属議会では初めてのことで、「議員が妊娠なんかして」、と散々言われました。結婚した段階でも「やめるんでしょ」と言われていたんですが、出産ということになると子どもという別人格に関わることなので、ただ私が突っぱねればいい問題ではないというジレンマがありました。休むとか休まないとかいった待遇の問題ではなく、命の問題なので。

周りには「大変ならやめろ」と言われていたことも、順調に育っていたこともあって、妊娠中はほとんど休まずに頑張りました。妊娠以外の理由で休んでいる方はいっぱいいるのに、なんで妊娠した時だけこんなに頑張らなきゃいけないんだと思いながらも、平気な顔で予定日まで登庁しました。産後は子どもの健康状態が確認できる一か月検診まではなんと言われようが休むことにしましたが、出産が議長を決める臨時議会と重なりそうになり、そのことを当時の幹事長に伝えたところ、車椅子で這ってでも来てもらうと言われました。[2]

結局、妊娠八か月、産後二か月の時にも議会質問に立ち、睡眠二、三時間の日々を数年続けました。この第一子妊娠中には妊婦検診助成を増やしたり、それまで一つもなかった公共施設への授乳室の

2　二〇一九年には伊藤香織山形県山形市議が産後三日目に主治医に外出許可をもらって痛み止めの注射を打ち、議長選の投票のために車椅子で登庁したという事例もあった（「ウーマンスマートキャリア」二〇二一年一月一八日付オンライン記事）。

設置を実現させたりと、様々な成果があったんですが、宴会への出席を控えたことから仕事をさぼっているなどと言われることもあって何度も悔しい思いをしてきました。

妊娠8か月で議会質問に立つ永野（本人提供）。

――二〇二一年、三議長会[3]は「標準会議規則[4]」を改正して、労働基準法と同等の産前六週、産後八週の産休をようやく明記しました。永野さんは、「出産議員ネットワーク[5]」の発起人として規則改正を求める中心的役割を担われました。

永野　四期目の選挙で若い人が入ってきた頃、規則改正に向けて動き始めました。ところが、「今のままでいい」と反対があって。

3　全国都道府県議会議長会、全国市議会議長会、全国町村議会議長会のこと。
4　地方議会は、標準会議規則をもとに、それぞれの議会の規則を定めている。労働基準法は女性労働者の産休を規定するが、特別職の議員には同法が適用されない。これまでは標準会議規則の中で欠席理由として「出産」を認めていた。ただ、本人が欠席日数を決めて議長に届け出る方式で、議会内で理解が得られなかったり、本人が遠慮したりして、十分に休めないケースが少なくなかった。今回の改正で全国市議会議長会と全国町村議会議長会は「配偶者の出産補助」も欠席理由に加えた。
5　二〇一七年、在任中に出産経験のある地方議員や、現在妊娠中や将来子どもを持ちたいと考える地方議員が情報交換などを行う場として設立。現在メンバーは一〇〇名超え。実態調査を行ったり、各政党や全国三議長会に要望書を提出する活動を行う。

この「バカの壁」をどう崩したらいいのかと思って、二〇一七年に全国の地方議会を対象に調査をしました。戦後からの女性議員の出産事例を調べたんですが、地方議会の女性が延べ数で二万五〇〇〇人いるなかで一六〇件ほどしかないということがわかりました。

実際にご経験のある方約一〇〇名にはエピソードも伺ったんですが、そもそも制度がないのでどの議会も該当議員を把握すらしていなくて、特定も大変でした。私自身身近にそういう議員の方がいなかったのでお話したいという気持ちだったんですが、それは皆さんも同じだったようで、二〇年前に出産したという方からこれから出産するかもしれないという方まですごい反応があって、相談も相次ぎました。今回の改正は、そういう方々と一緒に国に働きかけた結果でした。

座談会当日の様子（永野）。

社会の意思決定の場で産休や育休をとりにくいのは、すなわち日本社会全体がそうであることの表れだと思います。対象者は少ないかもしれないけど、まずは議会で普通に出産育児ができて、女性が意思決定の場にいられるということが、この国のレバレッジ・ポイント（システムの中で「小さな力で大きく持続的な成果を生み出せる場所」のこと）になるはずです。

森　うん、本当にその通りね。今のがこの本の「まとめ」でいいんじゃない？

一同　（笑）。

吉良　ママパパ議連[6]の提起もあって、ようやく国会のほうでもオンライン国会なんかの議論が進んでいます。議席をもっている私たちができることをやっていくしかないですよね。

永野　地方議会はかなり変わってきていますから、国会も変わらなきゃね、となればいいですよね。

●SNSバッシングと子ども

森　あとはやっぱりマスコミや心無い野次にも心折られますよね。女性候補や議員は、政策に関係のないことまで本当にいろいろ書かれます。卑怯なのは、記者の見解としてではなく、インタビューの声として書くパターン。「森まさこ候補者には小さな子どもが二人いる。県知事になっても五時で庁舎を帰ってしまうのではないか。それで県政がまわるのか不安だ、という声がインタビューであがった」といったように記事に書かれました。男性の候補者にも家には子どもがいるのに、どうして女性だけ書かれるんだろうと思っていました。

野次については、大臣として国会答弁をしている時に、「○○小学校○年○組○○ちゃん」と子どもの学校名と実名を叫ばれたことがあります。「昨日鉛筆持たせるの忘れましたね、お母さん」と言われて。「たしかに忘れた！」と思ったんですが、そんなこと国会の大臣答弁中に野次ることじゃあ

6　➡本書二一二頁の注8を参照。

りません。

伊藤　私も国会中の野次で「あなたの子どもは可哀想だなあ」って言われたことがありますが、一生忘れないです。

吉良　ＳＮＳでの攻撃も凄まじいですよね。実は今日はその問題も提起したくて調べてきたんですが、フランスなんかではオンライン暴力を根絶する法案も出されているようです。ＳＮＳ上では女性に対する誹謗中傷が特にひどくなる、政治的発言をする女性にはさらにひどくなるという研究結果もありました。

私も、二〇一五年に保育園に落ちた際に「保育園落ちたの私だ」という投稿をしたら総バッシングでした。「あんたら国会議員が平気で保育園なんかに申し込むから待機児童増えるんだろ」というような内容で。ああいった攻撃がつらくて政治家を続けられない方もいると思うので、このオンライン暴力という問題はより可視化していって、処罰や規制をつくれないものか、取り組んでいきたいです。

――そういうSNSでのバッシングはご自身でご覧になるんですか？

吉良　目に入っちゃうんですよね。検索しても出てきてしまいますし。加工された画像が、あたかも事実であるかのように拡散して、嘘つきと言われたり。そういうのは止めようがなかったです。

高木　私の場合、根も葉もないことをいっぱい書かれているのを子どもたちが見つけちゃって。子どもが傷ついていたことに気づいてあげられなかったことがありました。年頃の子どもが、「自分のお母さんがこんなこと書かれてる」と知るのはキツイだろうな、と。しかも、私にはそれを言いだせな

キッズスペースを設けている伊藤の執務室（本人提供）。

いわけです。

森　たしかに、子どもはやっぱりすごく調べるみたいね、ママが何言われてるかって。政治家ですから、政治活動や政策のことで何を批判されても受けて立ちますけど、関係のないことを言われるのはつらいですよね。

高木　ＳＮＳに関しては皆さんいろいろお考えがあるところだと思いますが、子どもが追いかけられて写真を撮られるという怖い経験もしているので、それ以来子どもをＳＮＳに載せるのはあらためてやめようと思いました。

伊藤　子どもとＳＮＳの問題、ありますよね。実は我が家は高木さんとは逆にフルオープンの方針で、家族でユーチューブなどもやっています。私は二世でもないし、後ろ盾になる組織もないまま根無し草で当選したので、そういう「なんでもない人」がこんなしんどいこともあればこんな素敵なこともあるというのを見せていけなければなと思っています。

普通に暮らすことを恐れないぞ、という気持ちです。執務室のキッズルームに関しても一五〇〇件以上のクレームが寄せられていて、今も増え続けていますが、「どんどんどうぞ」と。本当はめちゃくちゃ傷ついていますけど、絶対に片づけないぞ、と思っています。そういう普通に傷つくことも含めて、子どもたちと遊園地行ったり学童にお迎え行ったりする「普通」を「できること」として見せたいな、と。今日もスーツ着てバッチつけていますが、有権者のイメージしている政治家像ってこういうところに集約されちゃっている感じがするので。

吉良　ジャケットがないと国会には入れないような空気があるので着てきてます（笑）。

高木　なんとなくこれが制服のようになってるけど、もっと普通にしたいっていうのはありますよね（笑）。普通という言い方は抽象的ですが、女性議員だからということで男性議員以上に変な注目を浴びたり揶揄されたりする場面は多いです。もう少し自然体で政治家という仕事をアピールできればなというのは常々思っていますね。

表面的な情報しか得られずにわけのわからないまま飛び込むよりも、ちゃんと仕事内容が知られているほうがいいですしね。それによって志を抱いて天職だという人もいれば、違う形で社会の問題に向き合うのがあっているという方もいると思うので。

永野　たしかに、日本では政治って「向こうの世界」という感じがありますから、伊藤さんがオープンにいろいろ晒されているのは、社会を変える重要な役割を果たしていると思います。

私自身、この世界に飛び込んだばかりの時は突然いろいろなことを言われるようになったことに驚いて人間不信になっていました。周りの議員が一所懸命名刺を配るなか私は動かず、バッジもつけず。マスクをつけて帽子をかぶって、私に気づかないでください、という状態でした。今もあまりアピールしたくないんですが、議会では「ここは仕事場だから」と思ってガンガンやっています。我が家は、子どもは自分と別人格ということを尊重してプライバシーを晒さない方針ですし、私も顔を売るようなことはしていませんが、それで落選するならしょうがないし、そうじゃないところで仕事をしていくしかない、と思っています。自分の目指したい社会ややるべきことというのはもっているので、皆さんにいらないと言われたら別の場所で頑張ろう、という感じですね。

●選挙とワークライフバランス

――伊藤さんの二期目の選挙の様子はドキュメンタリー番組[7]でも取り上げられていましたが、まさにワークライフバランスと選挙戦をどう考えるかという闘いであったと思います。

伊藤　一期目はわけもわからずやりましたが、二期目は「私、ちゃんと6年間頑張ってきたので、その日常の延長線上で選挙やります」と宣言して、番組はその様子を追ったものでした。

一期目の時は選挙特有の「二四時間戦えますか」モデルにすごく苦しみました。周りのスタッフはそれがあたり前だと思っているので、「下の子がおっぱい飲んでるんです」と伝えていても、「この日は前乗りでホテルに宿泊してこの駅で朝立ち（通勤時間に駅前で演説すること）です」などと言ってくるわけです。夜の授乳が何度もあって、お母さんはおっぱいを出さないと乳腺炎になるっていうことを知らないので、「何で前泊がダメなんだ！」という感じで。そういうことに苦しんだ経験からつ

7　「女性議員が増えない国で」（テレビ朝日制作）は二〇二三年、市民の立場から優れた報道を表彰する「メディア・アンビシャス大賞」の優秀賞に選ばれた。

くった超党派でのママパパ議員連盟[8]は、今では一〇〇人以上の大きな会になりました。ただ、幸い当選した私はそうして仲間を募ることができましたが、孤独な選挙のなかで心が挫けてしまって「二度と挑戦しない」という人が多いことを何とかしたかった。

そういうこともあって、二期目は八時〜二〇時の間だけ、ネットもあわせて頑張るということにしました。もちろん勢いで言ったんじゃなくて、半年以上前から根回しをして、関係者全員に了解を得て挑みました。ただ、その時は全員「わかった」って言ったのに、選挙が始まって数字が悪くなると、全部なかったことになるんですよ（笑）。「立てー！」「立ちません」というのを何回もやりました。やっぱり「えらい人たち」は許してくれない（笑）。

座談会当日の様子（伊藤）。

——今回のような選挙のスタイルで当選されたことは多くの方に勇気を与えたと思います。

伊藤　一期目に選挙に出た時は子連れだったんですが、一歳を

8　二〇一八年三月、党派を超えた「子育て世代の議員一六人」が集まって設立。設立当時の会長は野田聖子総務相、副会長に公明党の高木美智代衆院議員と立憲民主党の蓮舫参院議員、幹事長は自民党の橋本聖子参院議員と、まさに党・派閥を超えた議連となった。子育て政策の提言のほか、子連れでも国会を傍聴しやすくするルールづくりや、国会周辺での保育施設の設置など、子育て中の議員が働きやすい環境整備も行う。伊藤たかえ氏が事務局長。

抱いて三歳の手を引いて走っていたときに、高齢の女性に足をひっかけられて転んだことがあったんです。その時に「この馬鹿親が！」と言われて。育児休業中なのに選挙に出たという報道を見ておられたのかもしれません。あれは私にも深く傷が残っていますが、三歳だった長女も覚えているのを知ってたまらない気持ちになって。その選挙に対するネガティブな記憶を上書きするためにも、二期目は楽しく選挙をやることを心掛けました。

森　選挙の壁は大きいですよね。私も最初に福島県知事選に出た時には、福島で初めての女性知事になるということで、テロ類似事件まで起きて。

一同　（騒然）

森　「女性県知事反対」をとなえる者が脅しをかけてきました。私は自民党からも野党からも超党派で推薦を受けた立場でしたが、「女性が知事になったら福島県が終わる」という謎のロジックでした。

吉良　今日もこうやって超党派で集まって認識が一致しているわけですから、もっと打ち出していく価値がありますよね。

――やはり政党の支援体制も重要です。サポート次第で候補者も増えるんじゃないでしょうか。

永野　先ほどお話しした全国調査のなかでも党の傾向がハッキリとあって、出産議員が一番多いのは共産党でした。女性の地方議員自体、一番多いのは公明党なんですが、出産議員は全国で一人しか該当者がいませんでした。

共産党の次に多いのが自民党で、これは二世の方が多かったです。あとは民主系でも組合などの後ろ盾となる組織があって席があるという方が多くて、私のような一匹狼はほとんどいませんでした。支援体制があるかどうかはすごく大きいと思います。

吉良 うちの政党だと、議員になるために党員になる人はほとんどいなくて、党員のなかからこういう人にこそ政治家になってほしいという方を押し上げるんですが、子育て中だったりする方も躊躇なく押し上げています。「妊娠しちゃって無理かもしれません」という場合でも、支援する支部の方が「自分たちが支えるから」と。

去年の総選挙では出産直後の方が候補者になって、朝宣はやりません、かわりに動画で毎日スピーチして発表します、と宣言されて。その動画はツイッターで一〇万回くらい再生されて注目を浴びました。選挙活動の仕方も変えていこうと努力しているところです。

――ネット選挙によってもワークライフバランスは変わりそうでしょうか？

吉良 私の肌感覚ですが、やっぱり実際に立ったほうがいいんですよ。有権者に会う機会といえば駅頭なので。おそらく、有権者の側の意識としても、「あの人は毎日駅頭やってるから」というような人物重視の側面があって、そこに評価の荷重が大きく置かれているのは変えたいですね。

伊藤 選挙の時だけめちゃくちゃ声枯らして立ちまくって、土下座して靴舐めて、という人はいっぱいいますから。

吉良　だからやっぱり、政治家への評価を政策重視に切り替えていかないといけないですよね。もちろん伊藤さんのように自分の生活を見せていくというやり方もありますが、私自身は見せたくないプライベートというのもあるので……。やっぱり、何を政策として掲げていて、何を中心に活動してきた人なのかということを重視してほしいです。今の公職選挙法は戸別訪問だめとか立会演説会やりませんとか「べからず」選挙が基本ですが、政策を公平に比較できるような選挙の仕組みになってほしいなと思います。

公職選挙法って戦前からの制度をかなり引っ張っていて、「べからず」の起源もそこにあるんですよね。元々選挙に出られるのは金持ちの男性だけだったわけですが、普通選挙を導入するにあたって、既存の金持ち議員が有利なままにするためのあらゆる制度がつくられたわけです。初めて出る無名の新人が通らないように戸別訪問は禁止しよう、とかですね。

永野　今も、顔つきのビラ配布は本人の周囲でのみＯＫなどの制限がありますが、本人が立たないと顔と名前を知ってもらえない[9]というところから解放されていく必要がありますよね。今ある条件のなかで入ってきた議員によって、参入障壁を保とうという力も働いていると思うので。風穴を開けな

9　公職選挙法により、告示日より前に選挙運動はできない（選挙期間以外は「政治活動」として規制のほとんどない、いわゆる「政治活動ビラ」を配ることはできる）。選挙期間中は「選挙運動」として、いわゆる「選挙ビラ」を配ることになる。配布方法は街頭演説場所や個人演説会場か選挙事務所内での配布に限られており、ポスティング・郵送は違法にあたるほか、枚数も細かく制限される。

きゃな、と。

伊藤　国会議員は二世、三世が六割を占めていますから。風穴を開けるという意味では、民主主義の在り方としてくじ引き民主主義のような、裁判員制度のようなやり方も取り入れていくのもいいと思います。

あと、政策重視にしたいのはやまやまなんですが、有権者の立場に立ってみると政策が入ってくるほど耳が開いていないという問題があると思っています。そこを開かせるための、伝え方の工夫は必要なんじゃないかな、と。私はマーケティングの仕事もしていたので、「ネットはさぼりじゃない」ということは声を大にして言いたいです。広告に七回触れると購入率が高まるという、セブンヒッツセオリーという理論がありますが、駅頭、集会、ポスター、SNS、ユーチューブと、あらゆる場所で七回ヒットすればいいと思うんです。

あと、その政策をどんなバックボーンの人が押し出しているのかということも有権者にとっては重要だと思うんですが、それを伝えられるのもネットの強みです。私はヤングケアラーの質問を一九回やっていますが、そこには自分の子どもに障害があるといわれたという背景があります。そういう経験やそこからくる思いもセットで信頼してもらいたい。

吉良　たしかに、それは必要だと思います。私も、自分が就活で苦労したようなライフヒストリーやエピソードがあって、それが政策に反映されていたりしますから。だからやっぱり、自分で公開するプライベートというのをちゃんと選べて、かつそこを公平にジャッジしてもらえる制度設計が必要ですね。

●喜びを分かち合える仕事

――皆さん様々な苦労をされてきていますが、一方でそれを乗り越える術というのもあったと思います。メディアでは大変な話がフォーカスされがちですが、ぜひプラスの面も教えてください。

高木　子どもが小さいうちは手がかかると思われがちですが、大きくなってからも精神面でのサポートが必要だったりしますよね。私の場合はそういう時、後援会や近所の方々が助けてくださいました。母親である私が言うからこそ反発して信用できないようなことでも、第三者的立場の大人が「あんたのお母さんは頑張ってるんやで」と伝えてくださることが支えになったり。家族だけではない仲間がいてこの活動ができているんだと実感しています。選挙も含めて本当に大変なことばかりですが、そうした仲間づくりは重要だと思いますね。

吉良　私もそう思います。夫婦で議員なので同時に選挙ということがあったんですが、その時は地域の支部の皆さんが日替わりで多めに作った夕食をパックにして届けてくれたりしました。子どもが小さいのでそういう物理的な支援は本当に助かったし、地域全体で支え合うような関係性があってこそ乗り越えられた選挙でした。

子どもは、母が街頭に立っているようなことは誇りに思ってくれているようです。生まれた時から議員なので「ポスターの人」なわけですが、まだ小さいからか、見つけると喜んでいます。先日も、私が演説している動画をユーチューブで見たようで、「こんなに沢山の人に応援してもらっているんだね」と支持者の皆さんからの応援コメントを見て感動していました。卒園式も入学式も本会議で行けなかったんですが、「お母ちゃんは子どもたちの未来のためにこういうお仕事をしているんだよ」とことあるごとに自分の活動内容をかみ砕いて伝えるようにするとそれなりにわかってくれているようで、決してマイナス面ばかりではないなと思っています。

高木　我が家の場合、母親の仕事を良いと思ってくれていた時もあれば、思春期になって疑心暗鬼という時もありました。でも、この前の参院選ではこれまで表に出ることのなかった長女が、初めて一緒に闘ってくれたんですよ。それは私にとってもすごく大きなことで、市議会議員時代からの十数年つくりあげてきた親子関係の集大成という気持ちでした。関係がすごく悪かったというわけではないんですが、子どもとお互い理解しあえて、彼女も自分の母親がどんなことをやっているのか一定程度理解してくれたんだな、と。そんなふうに選挙を通じて関係ができたのは本当によかったです。

長女と一緒に選挙期間を闘った高木（本人提供）。

吉良　SNSバッシングの話がありましたが、「子どもを産ませるために国会に送ったんじゃない」と言われた同時期に、「私は子どもを産み育てる経験をするなかでリアルに感じたことを国会に届けてほしくて応援しています」とSNSで声を届けてくださった方もいました。そういう声を拾って届けていくことで、有権者の意識の改革も進むんじゃないかなと思います。ケア責任をもった人が国会にいるのは本当に大事なことですから。政治って本来は究極のケアワークなはずで、だからこそその大変さや喜びを知っている人に政治の現場に出られるようにしなきゃいけないないなと思いますね。

座談会当日の様子（吉良）。

——最後に、これから政治家を目指す若い女性にエールをお願いします。

高木　お世辞にも楽な道ではないですが、ぜひ諦めずに挑んでほしいと思います。今日はいろんな苦労話をしましたが、今はやってよかった、続けてきてよかったという思いしかありません。上の子はもう二〇歳を超えて、下の子は高校生になりましたが、「なんとかなるもんだ」ということもお伝えしたいですね。

吉良　政治家になることに気負わないでほしいなと思います。政治と生活は一続きのものなんだから、あなたのそのモヤモヤを解決するのも政治なわけで。そのために力をあわせましょう、とお伝えしたいです。

永野　そうですね、そのモヤモヤをどう解決するかという時に一番有効な手段が政治に関わることです。そして、できれば自分が議決権を行使するような立場になること。そこに躊躇なくいろんな人がチャレンジできる環境をつくっていければと思います。今バッジをつけて中にいる人間の責任として、私も頑張ります。

伊藤　一人でモヤモヤしていて、これおかしいよと言ってもただの愚痴ですが、二人で言うと意見になって、三人で言うと兆しになって、大勢で言うとうねりになります。半径三メートル内で「おかしいよね」と言っていても社会課題は動きません。三メートルより外の人を自分たちの輪の中に巻き込んで初めていろんな課題が解決に向かって動き出すので、ぜひこの本を読んだ方には我々の仲間になっていただいければと思います。いつかお目にかかりましょう。

森　いま子育て中の議員の方、立候補を考えている方もいらっしゃると思いますが、私も「なんとかなる」とお伝えしたいです。子どもが可哀想だとか、馬鹿になるとかグレるとか、私もどれだけ言われてきたか。だけどうちの子どもたち、なんとか育ったので（笑）。安心してくださいとお伝えしたいです。

政治の世界には意地悪なことを言う人も多いですが、夢の実現を助けてくれる人もちゃんといます。だから、読者の方には、つらいことばかりじゃないというのを知ってもらいたいですね。私の娘はもう大きくなって、資格試験にも受かったのでこの度就職するんですが、そのことをまわりの仲間は我がことのように喜んでくれます。「テープカットに連れてきていた、あの子⁉」「うちで預かった時の、あのご飯がきっとよかったんだ」なんて言っています（笑）。この仕事をしているからこそ、より多くの人と分かち合える喜びがあります。私たち先を行く者が、少しは楽になるように頑張って道をならしておきますので。ぜひ、挑戦してください。

座談会

ハラスメント被害を考える

二〇二二年一二月一九日実施　※肩書は当時
聞き手＝濱田真里[1]

佐藤あつこ（さとう・あつこ）東京都中央区議会議員、自民党所属。第一八回地方統一選挙（二〇一五年）にて、中央区自民党初の子育て経験者の女性議員として初立候補初当選（自由民主党公認）。議員活動と並行し、世界的に下位である日本の女性議員割合を三割にするため、政治とジェンダーの研究に専門的に従事する。慶應義塾大学ＳＦＣ研究所上席所員。日本政治学会、日本選挙学会会員。

高橋まきこ（たかはし・まきこ）東京都中央区議会議員、無所属。二〇一九年に初当選。小中高三人の子どもの母で夫と五人家族。明治大学政治経済学部卒業後、民間企業や大学研究機関に従事した後に現職へ。中央区では保活座談会や育フェスＣＨＵＯなどの地域子育て支援を長く続け、二〇二二年に保育士資格を取得。

東友美（ひがし・ともみ）東京都町田市議会議員、立憲民主党所属。二〇一八年に初当選。母子家庭育ちで虐待サバイバー。セクシャルマイノリティ（ｘジェンダー、アセクシャル）当事者。東京農業大学卒業後、民間企業に就職するが母の死をきっかけに海外を転々とする。女性議員が受けるハラスメント啓発のためスッキリ（日テレ）、news23（ＴＢＳ）、グッとラック！（ＴＢＳ）等多くのメディアに出演。

● 支援者とのパワーバランス

――濱田真里です。私は大学院時代に、当時まだ注目されていなかった「女性議員に対するハラスメント」研究を行い、この実態をなんとかしないといけないという思いからStand by Womenという団体を立ち上げました。現在は女性議員や候補者の方の選挙サポートや相談対応、選挙ボランティアを増やすための活動などを行っています。また、議員や候補者の方がハラスメントについて相談できるような窓口がないため、二〇二三年四月の地方統一選挙に向けて「女性議員のハラスメント相談センター」を立ち上げました。今日はモデレーターとして皆さんのお話をうかがわせてください。

まず、内閣府が全国の地方議員を対象に実施したハラスメントの実態調査[2]では、議員に対するハラスメントの加害者として、有権者と同僚議員がおよそ半分ずつとの結果でした[3]。皆さんも様々な事例を目の当たりにされてきたと思いますが、まずはお話できる範囲で被害内容について教えてください。

東　立憲民主党所属で市議会議員を務めております。一期目の時に一番つらかったのは、有権者から

1　（はまだ・まり）Stand by Women代表。専門は女性議員に対するハラスメント。二〇二一年に女性議員や候補者のサポートを行うStand by Womenを立ち上げ、これまでに百人以上の議員や候補者に対するハラスメントのヒアリングや相談対応を実施。内閣府「令和三年度政治分野におけるハラスメント防止研修教材」等の作成に関する検討会構成員。議員向け相談窓口「女性議員のハラスメント相談センター」の共同代表。

2　「男女の地方議員に対するアンケート調査」のこと。「政治分野における男女共同参画の推進に関する法律」の改正を受けて実施された検討会に先立って内閣府が行った。地域、議会の種類等を考慮して抽出した一一四四の地方議会の男女議員一万一〇〇人を対象として、紙媒体の調査票又はウェブによる調査（調査期間：二〇二〇年一二月二四日～二〇二一年一月三一日）。合計五五一三人（男性三二四三人、女性二一六四人）が回答。

3　有権者からのハラスメントが五三・五％、同僚議員によるものが四六・五％の結果であった（内閣府男女共同参画局作成「政治分野におけるハラスメント防止研修教材の作成について」https://www.gender.go.jp/kaigi/kento/politics-harassment/1st/pdf/3.pdf）。

座談会当日の様子。左手手前から東、高橋。右手手前から濵田、佐藤。

のハラスメントでした。加害者は八〇代の男性で、地域活動を熱心にされている、いわゆる人脈の多い方でした。「人を紹介してあげよう」と言って近づいてきましたが、その紹介先へ行く道中などで二人きりになると、「こうやって二人でいるといつかは子どもができるんだ」、「お前の胸は揉みがいがありそうだな」などの発言がありました。

その方が私の後援会の会長になるのだと言い張り、どうしても収拾がつかなくなったこともありました。「俺がならないのはおかしい」と強く主張するのが怖くて、仕方ないので一度なってもらうことで収めようとしたところ、今度は「俺には自民党の知り合いが大勢いるんだから、立憲のお前につくわけがないだろう」と。それを聞いた時に、「もういいや」と心から思えました。支援を盾に私をからかって楽しんでいたのだと思います。それ以降も何度か電話がありましたが、全部無視しました。

――票や人脈を人質にされた場合にどう関係性をつくっていく

か、難しいところですよね。断ってしまうと「あの議員は相談を受けてくれなかった」と言われることもあると思います。

東　そうですね、私はまったく別の業界から政治の世界に飛び込んで右も左もわからない状況だったので、人脈を紹介してもらえるのは本来は貴重で有難いことです。ある程度は人に頼らないとやっていけない仕事なので、そこを逆手にとってのハラスメントは質が悪いなと思いましたね。

高橋　高橋です。立憲民主党から当選しましたが離党して、今は無所属で区議会議員をやっております。私が有権者、なかでも支援者からのハラスメントとして聞いたことがあるのは、「この道沿いに候補者の家があるから、前を通ってみよう」というような形で、応援チームのなかで自宅住所が広まっていたという話です。地方議会における情報公開の見直しはかなり進んだものの議会によってルールが違うので、候補者や議員を守る法律が必要だと感じています。

佐藤　自民党所属で区議会議員をやっている佐藤と申します。地元でのプライバシーという問題では、自宅近所のお店の方が早朝からピンポンを押してお見えになる、という微笑ましくも「ちょっと待って」ということがありますね。学校行事で配る記念品の和菓子とか、余暇を過ごした場所のお土産とかが届くんですが、嬉しい一方でこちらはまだ化粧もできていない……みたいな（笑）。土着の政党として日ごろからご近所さんのなかに溶け込んで活動しているからこそ、地元ではすごく人の目を気にしながら生きていく覚悟が必要なように思います。

東　私の場合、知らない方が自宅に来られたことで引越しした経験があります。団地に住んでいるん

地元支援者との交流の様子（佐藤）。こうした時間は「政治家として至福」の楽しいものだが、お酒を飲む場にも参加せざるを得ない（本人提供）。

ですが、いつも知らないおじさんが道路から我が家のほうを見上げていたんです。とにかく連日、うちを見ている。気にはなっていましたが、ある日ついにその方がチャイムを押してきて。ドアは開けませんでしたが、怖くなって引越ししました。

あと、選挙期間中にはいわゆる「危険人物」と相対したこともあります。フェイスブックのメッセンジャーで延々と根も葉もないこと――「東友美はひき逃げ犯だ」みたいなこと――を送りつけてきていた方がいたんですが、その方が街宣に現れて。しばらく私には連絡がなくて、嫌がらせをするターゲットを変えているようだったので選対メンバーに要注意人物として伝えていなかったこともあって、選対の方も「いつも応援メッセージをくれる方みたいだよ」と繋いでくださって。そんな人いないけどな、と思いながら話しているうちに「あの人だ」とわかって震えがとまらなくなりました。周りは「応援してくれる人」という認識なので目配せしても気づいてもらえることもなく恐怖の時間が続きましたが、一〇分くらいしたら誰が相手だろうと切り上げてもらっていたので、最後はなんとか「はがして」もらいました。

高橋　その「はがし」の人がいないと、選挙の場って本当に怖いですよね。
私も選挙期間中に、「自分はこんなにすごい人間で、あなたにいろいろ教えてあげたい」として、「銀座に何時に来い」というような連絡をツイッター上でもらったことがあります。その方と三〇分会っていたら他の方と会える機会を三〇分失うわけで、票になることではありません。ただ、選挙チームの方がフォローしてくださったのでよかったものを、全部自分一人でやっていて真面目に受け取っていたら行ってしまったかもしれません。

――「直接会って相談したい」という有権者からの連絡は、一期目の女性議員にとても多いです。

東　たしかに「市民相談」の申し込みはやたら多かったです。ほとんどが市役所につなぐようなものではなくて人生相談といったものでした。特に、当選後最初の「市民相談」は忘れられません。ツイッター上で応援してくれていた方で、「市内の喫煙所をすべてなくしてほしい」との相談でした。一気になくすのは難しいのでまず一つ減らすならどこが良いかと聞いたところ、「全部なくせって言ってんだろ」と突然キレ出して、三〇分くらい罵声を浴びせられることになりました。
SNSを拝見する限り変な人じゃないだろうと思ったのですが……。二人きりになることを避けて喫茶店でお会いしましたが、周りは誰も助けてくれませんでした。しかもなんとか切り上げようとしたところ、「このあと一緒にゲームセンター行くから」と。アポイントの時に、私が「一三時から一七時の間で」と書いたものを、その時間すべて自分のためのものだと思われたようです。

――女性議員に「なぜ女性議員の方がハラスメントを受けると思いますか?」という質問をすると、多くの人から「女性は議員であっても、議員として見られていない」「コントロール可能な対象や性的な対象として見られている」と答える方がとても多いです。女性は議員になっても権力性が上がらない傾向にあるといえます。

佐藤　議員として見られないと、政策の議論ができませんよね。私の場合、党が推進する政策、例えば安全保障・防衛から子育てまでを可能な限り後援会の皆さんと共有し議論するよう努めていますが、どうしても、盛り上がるのは政局や、私の髪型や服装やメイクの話だったり……。

高橋　市民相談だと言われて出向いて、「それで相談は?」と聞くと「君と食事がしたかっただけだよ」と言われた、というのも聞いたことがあります。市民相談については所属政党の会派室でドアを開けた状態でやるだけでリスク回避になるんですが、経験がなければそんなことわかりませんよね。やってみると「違った」ということの連続なので、チェックリストがほしいなと思います。

● オンラインハラスメント／政党内の力関係

――オンライン上に限定した被害では何かありましたか? ヒアリングのなかでよく聞くのは、毎日同一人物からたくさんメッセージを送られたり、SNSやブログで嫌がらせをされたりするというものです。

東　印象に残っているのはフェイスブックですね。議員になったばかりの頃、連日一〇〇件くらいの友達申請がありました。全部男性からで、メッセージも「可愛いですね」とか「結婚していますか」

というものばかり。私が議員だということはプロフィールを見れば一目瞭然なんですが……。

――フェイスブックは出会い系サイトのようだと仰る女性議員の方は多いです。

高橋　政党のホームページに載っている議員一覧にSNSのリンクが紐づいている場合がありますが、それを片っ端からフォローする方も結構いるみたいです。私は自分のホームページにSNSガイドライン[4]を公開していますが、そうした自主防衛策をとるしかないのが現状です。

座談会当日の様子（東）。

東　今は割り切ってSNSから離れましたが、一期目の時は責任感や正義心もあって「嫌な思いをしても続けねば」と頑張っていました。でも、だんだんSNSを開くのも嫌になって。議員生活になんの関係もない「付き合ってください」みたいなメッセージを、わざわざこちらから確認しなきゃいけないわけです。私は一つずつ工夫と手間をかけた投稿をしてるのに、見ている人は私を恋愛対象かどうか

4　地方議員によるSNSガイドラインについては、東京都江東区議会議員の鈴木あやこ氏が二〇二一年に地方議員では初めてとなる「SNSガイドライン」を作成した。効果的な情報発信と誹謗中傷の発生を防ぐ安心安全なSNSコミュニケーションに役立つとしてマニフェスト大賞を受賞している。

でしか見ていない。一生懸命やってる仕事を馬鹿にされていると感じました。

――有権者からのハラスメント受けた際、皆さんがどのように対応されたか教えてください。

佐藤　ハラスメントを受ける側にも責任があるという論調が強いように感じました。必然的に自分で闘うしかなかったです。「やめてほしい」とか「あなたの票はいらないから出て行ってくれ」とか。最終的には言い放っていましたね。なんと思われようが、ならぬものはならぬと。

東　私は選挙期間中からハラスメント被害が多く、相談できる人もいなかったので、「もう二期目は出ない」と割り切って、一期目の時に加害者とはきっぱり関係を切りました。それでかなり淘汰されたのか、二期目の今はほとんど被害に遭うことはありません。

――ヒアリングをするなかでも「もう立候補しないのですべてを話せます」という方が時々いらっしゃいます。政党内で生き残るために、あるいは政治家としてのご自身のイメージを維持するために弱みを見せられないということは往々にしてあることです。

東　そうですね。私も、「次は出ない」という思いがあって初めてできたことでした。結果的に二期目も続けましたが、当初から続けようと思っていたら、そのまま加害者にくっついて「ありがとうございます」と言いながらセクハラを受けていたんじゃないかと思います。「次は出ない」と思ったからできたこととして、SNS上で被害を発信する形で自分の気持ちを整理するということもありました。

高橋　被害状況を語るなかで、地方議員が被害に遭った場合では、国会議員が介入することで二次被害が生じるということもありますね。私の場合、国会議員の秘書から「然るべき国会議員の立場からの進言だと思って聞け」というお電話をいただいたことがあります。

佐藤　自民党の場合は国政政党でありつつ土着の政党でもありますからどれだけ有権者と対面してきたかが価値になるので、ぽっと出の国会議員よりも長く地方議会議員をやっている人のほうが「上」ですね。政策も政局も地元に密着している地方議員がNOと言ったら、国会議員は地方議員の政治的立場を考慮せざるを得ないです。

地元での街宣の様子（高橋）。子どもや子育て当事者からの声援が多い（本人提供）。

高橋　政党ならではの関係性やトラブルですよね。たとえば選挙期間中に国会議員の方が応援演説に来てくださることがあったんですが、オーディエンスのど真ん中にお酒とおつまみを持ったおじいちゃんが陣取って、「あの国会議員とヤりてーんだ」などとくだをまいていた……ということがありました。応援に来てくれた地元の方々も引いてしまって。その男性は普段は見かけない方で、その国会議員のファンを自称されていたので告知を見ていらしたんだと思います。秘書の方にも相談しましたが、どうにもなりませんでした。

●同僚議員からのハラスメント

――選挙期間中、国会議員の秘書が地方議員に対して「お前の選挙区ではこれだけ活動しろ」といったノルマを課すという事例も聞いたことがあります。そうした政党内の力関係や立場性を利用したハラスメントについて伺っていきたいと思います。

佐藤　議会の先輩議員との関係のなかで、女性の方が女性に厳しいと感じます。母であることや女性であることを強調しすぎるなと意見される一方で、母親として子育てをして家庭を支えているように見られるためには派手な髪色やネイルをやめたほうがいい、とも。大根を切っているかどうかで政治家としての力量は変わらないと思うので、今は髪の毛も金髪にしましたし、いずれネイルもやろうと思っていますが（笑）。

色々と相談しましたが、有権者からのハラスメントの時と同じく、「自分が闘うしかない」と決心しました。そもそも同僚議員との間には労使関係も上下関係もないので、ハラスメントが成立するかもわからない以上[5]、ならぬものはならぬと言うしかない。

5　日本では先進国としては例外的にハラスメント行為が法的に禁止されておらず、男女雇用機会均等法等によってハラスメント防止が事業主に措置義務として課せられているだけである。選挙で選出される政治家には雇用主がいないため、処分を行う責任主体は所属する政党あるいは議会となる。手続きについては整備途中で、地方議会については本書一〇九～一一一頁を参照。なお、パワーハラスメントが認定される際には、「優越的な関係」を背景としているかがポイントとなるが、これは上下関係だけではなく、実質的な優位性を含む。

――議員が能力を発揮できる労働環境をつくるのは政党の役割だと思いますが……。

佐藤　そうですね、現状ではそれが考慮されていない上に、自分で闘って多数派を形成し、勝ちとれというわけです。闘わなければ服従するしかないので、女性議員はいずれにしても崖っぷちに立たされています。

高橋　私も同じ政党に属していた先輩議員からのハラスメント被害がありました。私としては有権者の声を届けるべく仕事をしていたつもりでしたが、市民の率直な声を届けることで「区役所に迷惑がかかる」とか「私の顔に泥を塗るのか」といったことを言われました。その方ときちんと話し合えればよかったんですが、それもできないパワー関係の難しさがあって。

――どのような対応をされましたか？

高橋　党内のハラスメント対策委員会が統一選の候補者に向けたアンケート調査をやっていたので、初めはそこに回答する形で訴えました。選挙活動期間、政治活動期間とわけて「こんなことがありました」とお伝えしたんですが、数か月経ってから「政党のハラスメント対策委員会です。何かあったら連絡ください」というメールが、差出人もわからないところから送られてきたのみでした。

政党のハラスメント委員会といわれても、相手は弁護士なのか議員なのか秘書なのか、誰に依頼を受けたどんな立場の方なのかまったく不透明でした。そんな相手にこちらから相談するのは難しいし、そもそも私がアンケートフォームに書いた内容には一切触れられていませんでした。

――ハラスメント対策委員会を設けている政党自体少ないのですが、その対応も十分ではなかった、と。

議員や候補者のための総合相談窓口もないので[6]、被害者が自力でなんとかするしかないんですよね。

高橋　そうですね。私はその後、起きたことの時系列と困りごとをまとめた書面を用意して、地方議員をとりまとめる支部とそれをさらに束ねる都連にそれぞれ相談しました。しかしそこでも、解決は難しいので他の選挙に出ませんかと言われただけで、現場は何も変わりませんでした。後から確認したところ、そもそも提出した書面は上層部には通っておらず途中で迷子になっていたようです。企業ではありえないことで、フローにも疑問が残りました。

政党本部にも相談しましたが、国会議員の秘書の方から電話があって、「都議選に出してやるからその区議会はやめればいい」とか、「そんなやり方では次の選挙には通らない」といったことを言われただけでした。「〇〇できなければ政治家じゃない」といった昭和モデルを前提に、一期目のお前は政治の道理をわかっていないといった風にお話されていました。政党をやめさせると言われたり、加害者の先輩議員と距離をおくことを強要したりするような強い言葉もあって、恐怖を感じました。

――まったくいい対応とはいえないですね。政党から加害者側へのアクションはあったんでしょうか？

6　この状況を受けて、濵田氏は田村真菜氏とともに二〇二三年二月、「女性議員のハラスメント相談センター」を設立した。二〇二三年四月に設けられた福岡県議会の「議会関係ハラスメント相談窓口」は県内の地方議会議員と候補者が相談できる。その他の例は本書一〇九～一一二頁を参照。

高橋　それもわからない状態です。ただ私の側は総支部活動から外されたり主要な会議への参加を認められなかったりと、外に出される形になりました。そうした対応にも不信感を抱き、最終的には自分で政党を出た形です。擁護するつもりはないですが、政党をやめると決めた後は、被害をオープンに話しやすくなったこともあって、同じ政党内でも「ちゃんと対応したかった」と言ってくださる方々に出会いました。そのなかには然るべき立場の方もいらっしゃったので、そこへ直接声を届ければよかったのかもしれませんが、一期目の私にはできませんでした。誰に相談するかで対応が違うのは問題なので、やはり第三者機関がないと浄化しないと感じましたね。

座談会当日の様子（高橋）。

――ハラスメントをいかに認定するか、そもそも認定するか、どう処罰を下すのか、力関係が複雑ななかで決められていくと政治的なツールにもなりかねません。

高橋　政党内の人間関係には「公認が受けられるか」とか「候補者になれるか」といったパワーゲームの側面があり、政党内部でのポジションも改選のタイミングで変わっていくわけですから、既得権をいかに守るかという心理が働きがちです。

佐藤　政党としてはどれだけ票を集約できるかという点に

座談会当日の様子（佐藤）。

議員の価値を置いているので、一般的にハラスメントなどは優先順位から外れてしまうのが現状なのでしょう。

私も「自分で闘うしかない」と決めましたから、言われて嫌なことを思い出せる限り書き出して、最終的には先輩議員と一対一で話し合うしかありませんでした。言われた言葉のなかには「あなたは地元で育ってないからまちを知らない」とか「自分が頭いいと思ってるでしょ」といった心ない言葉もありましたが、理不尽なことは直接伝え、やめてもらいました。

これを解決しようと思うと、党の綱領を変えるとか規約をつくるとか、フォーマルなルールが必要になります。だけど政党ってインフォーマルなルールで臨機応変に運営している組織なので、そういうものをつくることには一般的に消極的です。だから臆せず言っていくしかない。そうやって言い続けると、「この人は信念を曲げないな」とか「言いだしたら聞かないな」と周りも認識し始めます。

――そこにバイスタンダー[7]の存在があればなと思います。ハラスメントの被害者一人に闘わせず、いか

7 「ハラスメントや性暴力、差別が起きた時に、その場に居合わせた第三者」という意味でのバイスタンダー。バイスタンダーが第三者介入をすることで、被害を軽減したり発生を防止したりすることができる。

に周りの人が介入できるか、という部分が重要です。

佐藤　そうですね。ただ現状、毅然と矢面に立って自分の正義を貫く覚悟を見せないことには、周りも「この人に乗っかると自分も嫌な思いをするんじゃないか」とさらに引いてしまうんですよね。そこを巻き込めないと、こちらも孤立して潰されてしまいます。

●ハラスメントを生み出す構造／打開の道

――皆さんのお話からも、ハラスメントは政治や選挙の文化やその構造と密着して生まれていることがわかります。

佐藤　政党や議会に入って、生まれて初めて「組織に馴染めないかも」と感じました。それほど世間一般とかけ離れたホモソーシャルだと思います。男性議員でもハラスメント被害を受けることはあると思いますが、やはりそこも男性同士のほうが町内会とか消防団とか属しているコミュニティが同じだったりして、打ち解けていくことも多い。だから女性で期数を重ねている方が、ご自身がいかに「男性的か」をお話されるのも納得です。

やっぱり女性議員の数が増えて同じ価値観を共有する人が増えないと打開できないと感じます。女性議員が少数派のままではこのように男性の側につく人だって現れるし、いつまでも分断させられてしまう。

高橋　そうですね、女性候補者を擁立するだけではなく、選挙の闘い方や当選後の働き方も含めて一緒

2023年2月に発足した「女性議員のハラスメント相談センター」についての記者会見の様子（左から東、共同創設者の田村真菜、濵田真理）。

に考えてほしいです。

東　女性があらゆることにチャレンジする社会的な土壌は育まれてきているので、一期目に立候補する方は今後増えるんじゃないかという期待があります。そこでやめるようなサイクルが生まれてしまうのが歯がゆいですね。

――せっかく高いハードルを乗り越えて当選した女性議員が一期目で辞めないためにも、労働環境の改善として議会内でのハラスメントをなくしていくことが重要です。ハラスメントが横行しているような場所で、健全な民主主義が育つでしょうか。女性議員を増やすことも必要ですが、市民がもっと政治に足を踏み入れ、女性議員と連帯しながら一緒に声をあげていきたいです。少しずつではありますが、現場の状況は変わってきています。声をあげることは無駄ではありません。今の社会や政治の世界を変えていくためにみんなで行動し続けていきたいです。

最後に読者に向けてメッセージをお願いします。

高橋　ハラスメントの問題に超党派で取り組もうという国会議員もいますし、相談窓口をつくろうという動きもあります。構造を変えていこうとするそうした繋がりを強めながら、エンパワーメントし合いたいと思います。孤独な闘いはどこにあってもつらいことなので、ぜひ仲間をつくっていただいて、一緒に頑張っていきましょう。

佐藤　残念ながら立候補を表明したその瞬間から嫌なことはいっぱいあると思います。だけど、不当だと思うことは相談したり発信したりして、社会の問題として共有してみてください。きっとそれが解決への一歩です。最後に、女性は政治的に能動的だと思います。政治音痴などということはないです。私自身も「MeToo」と声をあげて、その力になりたいと思います。

東　私が初当選したのは二〇一八年でしたが、当時は票ハラという言葉も存在していなかったし、議員のハラスメントも注目されていませんでした。あれから四年経ち、大きく環境は変わったと思います。ゴールまでの道のりは長いですが、少しずつ変えていけるということです。この三人もそうですし、力になれる議員はいますから、困った時は相談してください。少なくともこれから挑戦する方は孤独ではないので、恐れずチャレンジしてくださいと伝えたいです。

インタビュー

落選を乗り越える

二〇二二年一一月九日実施 ※肩書は当時
聞き手＝花伝社編集部

吉田はるみ（よしだ・はるみ） 衆議院議員、立憲民主党所属。一九七二年、山形県生まれ。立教大学文学部卒業、英国立バーミンガム大学経営大学院バーミンガムビジネススクール（経営学修士）修了。ＫＰＭＧヘルスケアジャパン株式会社経営コンサルタント、小川敏夫法務大臣政務秘書官、法政大学兼任講師、青山学院大学非常勤講師、目白大学准教授、神田外語大学特任教授を経て、立憲民主党東京都第八区総支部長、二〇二一年初当選。

●ロンドンから政治の世界へ

――吉田さんは二〇一一年の初立候補以来、一〇年間で三度の選挙に挑戦されました。最初に政治の世界に飛び込んだきっかけを教えてください。

吉田　外資系企業に勤めていたので大学卒業後は海外にいたという事情もあり選挙に行く機会もなかったのですが、元々は選挙に興味もないような人間でした。そんな私が政治を最初に意識したのは、出産を機に日本に帰国した際、母が脳梗塞で倒れた時でした。当時、大変恥ずかしながら高額医療制度を知らなかった私は、「こんなに高い手術代も国がもってくれるの？」と、本当に有難い思いをしました。父の事業がうまくいかなくなって実家は借金すら負っている状態だったので。経済的に困窮しており救われた思いでした。「こういうことを決めるのも政治なんだ」と実感しました。母が倒れたのは、私にとっては出産後になんとか採用してもらえた再就職先への出社初日という日で病院に駆けつけることもできませんでした。その再就職先も、保育園が見つからないなかファミリーサポートという区のサービスを利用して面接に行くことができ、ようやくたどり着いたものでした。

インタビュー当日の様子。

一方で母が倒れた後には、子育ての話をするたびに「お母さんに手伝ってもらったら？」と当然のように聞かれる経験を何度もしました。私はむしろ、脳梗塞の後遺症で身体障がいをもった母を「支える側」だったので、母のヘルプを得られない事情もあるのに、と傷つきましたね。同時に、親の手伝いを前提にした子育てはおかしいよなあと思っていました。私みたいな人は他にもいるだろうに、と。

——吉田さんはご自身が「がんサバイバー」であることも公言していらっしゃいます。

吉田　はい、二〇〇六年に甲状腺がんが見つかり全摘しました。子どももまだ小さかったし、この先、この子を一人にしてしまうのではと本当にショックでした。私の娘はＡＳＤ（自閉症スペクトラム障がい）で他の子より成長も遅く、ケアも必要な子だったということもあったので。

手術をしてから五年間再発しなければ一安心と言われていたので、その五年は生きた心地がしませんでした。だけど、そうやって五年経ったときに、こうやって生かされているのには何か私に課せられた役目があるんじゃないかと思ったのを覚えています。

――立候補の直前には金融のお仕事もされていましたが、そこからどんな思いで転身したんでしょうか。

吉田　ロンドンで働いていましたが、億単位のお金を動かすような世界で、肩で風を切るような人々の中で働きました。しかし金融危機のリーマンショック前後で景色が一変する様も目の当たりにしました。

イギリスも、そして出産前に働いていたシンガポールも移民大国なんですが、そういう多国籍があたり前という社会に暮らして、はたと日本を見た時に、あらためて「日本は大丈夫か？」と思ってしまったわけです。日本という国は世界から五〇年くらい遅れているんじゃないかという気がして。当時は民主党が政権をとって、「政治が変わるのかな」という時期でもありました。その民主党が国会議員を公募しているのを見つけて、ロンドンから応募しました。

母の介護、娘の発達障がい、三〇歳を過ぎたら価値がないように扱われる労働市場での再就職活動の経験もあったので、「おかしい」と思うだけじゃなくて、変えるほうに行動しよう、と。そもそもがんを克服してからは、ここからはオマケの人生だから、社会に必要とされるならそれに従って人のために働きたいと思っていました。

――最初は千葉県議会、その後は岩手選挙区から参院選へ挑戦されるなど紆余曲折がありました。

吉田　ロンドンから応募したので「選挙区がどこになるかわからない」と言われていたんですが、そこで声をかけてくれたのが千葉五区でした。国政に挑戦したいなら、まずは県議から始めてみれば？と。私も本当に政治音痴で、問題意識は国のほうにあったものの、「そういう道もあるのか」と思って飛び込んだわけです。

それまで民間企業、かつ外資系にいた私には、日本の政治の世界はすごく不思議でした。女はこうあるべき的な古い価値観もたくさんあって、その割に、男と同じ体力と時間的コミットを求められる。とにかく体育会系で。

――子育てをされながらの選挙でしたよね。

吉田　当時の子育てについては、はっきりと後悔があります。もっと子どものために時間を使ってあげられたんじゃないか、と。落選後、「当選したいなら地元のコンビニでバイトしながら毎日駅に立って地域の人の声を聞いて、自分の生活は後回しで動け」と言われたので、それを実践していたんです。「そういうものだ」と言われると、やれない自分が悪いのだと思ってしまって。子どもには本当に負担をかけました。だけど困っている人のために何かしたい、という政治への気持ちは変わりませんでした。

●落選期間に何をするか／金銭的な問題

――二〇一六年に東京八区に移った後、初当選の二〇二一年まではどのように過ごされていたんでしょうか。

吉田　当選するための活動と、政治家として皆さんに期待される仕事は、まったく違うとは言いませんがやはり乖離があります。だけど、当選という通過点を経なければ仕事をさせてもらえないわけですから、戦略を立ててやるしかないですよね。やるべきことは昔も今も変わらず、SNSも重要ですが、とにかくいかに人々の目に触れるよう街に出て、声を聞き、直接会うというアナログなところが基本です。

私の場合はタウンミーティングといって、杉並に八つある地域区民センターをまわって地元の方とお話する機会をつくっていました。町内会や地元の商店街に顔を出そうにも、元々そうした地域組織は自民党が強く、つながりがあるわけではないので、今は変わりましたが当初は迷惑な顔をされてしまうこともありました。そんななかタウンミーティングは地盤や看板のない私が地域の方とつながる場として考えたものでした。開催前には周辺地域にポスティングをして、近くで駅頭街宣もやり、ポスターを貼らせてもらうという、タウンミーティングを中心に政治活動をまわしていた感じです。日中は仕事をしていたのでポスティングは夜中にまわることもありましたが、それで不審者と思われ通報されそうになったこともありました（笑）。

タウンミーティングの場では、当選前は国政報告ができるわけでもないので、その時国会で議論されていることについてお話したりしていました。毎回二〇～五〇人、何者でもない私の会にあれだけの人が来てくれたというのは、杉並という土地柄、政治的関心の高さの現れで、本当に素晴らしいと思います。

「話しかけて！」のプラカードなどをもって街宣に向かう吉田（本人提供）。

——一緒に活動される支援者の方々とはどんなチームづくりをされていましたか？

吉田　毎週水曜日をボランティアデーとして、発送作業やポスター準備など、人手の必要な作業をお願いすると同時に、支援者の方同士の大切な交流の場となっていました。私はボランティアの方を単なるヘルプではなくて、一緒に行動していく仲間だと思っているので、そうやって意見やアイディアを出し合う場をつくることで、より皆さんに自分ごととして活動をとらえていただきたいと思っていました。そして、チームのなかに政治家が一人いると、どうしても「しゃべっている側」と「聴いている側」になりがちなので、どうすれば私もチームの一員になれるかつねに模索していました。私はそうした場で生まれた声を代弁しているにすぎないという思いがあったので。

――落選期間中には大学教員のお仕事などもされていらっしゃいましたが、資金繰りの面ではいかがでしたか。

吉田　当選するまでの経済的な負担というのは、本当に大きな課題だと思います。私の場合も、党からのお金ではまったく足りないので、すべて手弁当があたり前でした。だから、ポスターの裏貼りでもポスティングの準備でも、ボランティアの方々には本当に助けられました。

チラシを一回印刷すると三〇万円くらいかかるし、ポスティングも全区行けば一二〇万円くらいかかります。この間の持ち出しを合計すると、出身地の山形なら家が建つんじゃないかな（笑）。前職の金融のお仕事は比較的お給料が良かったと思いますが、貯金はすべてなくなりました。

もちろん政治活動だけではなくて、生活していくにもお金がかかるので、働く必要もありました。だけど、採用面接では必ず「今後の選挙はどうするんですか」と聞かれるわけです。「政治活動はしないように」と言われたり。

――「落選した人」として見られるという、精神的なご負担もあったと思います。

吉田　そうですね、選挙に出るということは政治的立場をはっきり示すということなので、そのことによって金融の世界にはまず戻れなくなりました。MBA時代も海外勤務の時も、本当に多国籍で多様な人々と一緒に学んで働いてきたわけですが、そうした場では「はるみは敵をつくらない人だね」と言われてきたんです。誰とでもうまくやって、衝突しないための交渉ができる人だ、と。それは誉め言葉だと思って大切にしてきましたが、選挙に出た途端に周りから「敵」認定され、攻撃されることもしばしば。

もちろん私は敵だと思っていないですよ。だけど、「あなたは〝そういう思想〟をもっているのだ」として拒否されたり、まったく知らない人に人間性を全否定されるような言葉を投げかけられたりするようになりました。日本で政治的立場を明確にするとはこういうことなんだな、と思いましたね。

●大きなものに負けるな

――そんな苦しい期間を経て掴んだ初当選ですが、何が当選につながったと思われますか？

吉田　人が見てるからがんばるというのではなく、本当に人に届けたい、会いたいと思ってやってきたことを、結果として「みんな見てくれていた」ということだったと思います。実は今回の選挙でダメだったら政治から足を洗うと決めていて、家族にもそう伝えてあったので私も全力でした。

インタビュー当日の様子。

もう一つは、女性に声が届いたこと。私自身、女性たちが感じている理不尽の解消を一番に訴えてきました。そうやって街頭演説をしていると、若い方からシニアの方まで、選挙戦の最後のほうは女性の方々のほうから声をかけてくれるようになって。話しながら涙を流す、わたしももらい泣きするような話をしてくださる方もいました。「私の声を聴いてくれる人だ」という空気が生まれていたと思います。

大きな相手との闘いでしたが、そのことも相まって「強い者に負けるな」と、女性たちが自分自身を重ねるようにして背中を押してくださいました。投票率も（たしか）都内ナンバーワンで、男性より女性の投票率のほうが高かったです。

――杉並区では岸本聡子さんという初の女性区長も誕生しました。

吉田　一八七票差の激戦でした。杉並には厳然としてリベラルな層がありますが、岸本さんの選挙では一人でも駅前に出て街宣をしようという支援者も現れて、サポートする側にとっても選挙が自分ごとになっていったのは大きかったと思います。何より、必ず現職が勝つと言われていた選挙に、「それでも挑戦する意味があるから」と言って岸本さんが立候補を決意された、その勇気が本当に素晴らしかった。岸本さんにたどり着く前に立候補を依頼しても本当に何人にも断られたので。
男性で与党という方が現職でしたが、そういうお決まりの役者が出てきてお決まりのことをやる政治から脱却しなきゃ、という気持ちを込めて「杉並新時代」というキャッチコピーを私が考えました。私も最初に東京八区に来た時にはどこの馬の骨だと言われていましたが、政治には変わるべき時、変化への機運が高まる時というのが必ず訪れます。岸本さんの選挙はそうしたチャンスに、区民の気持ちを受け止められるスタイルでやれたことが勝因だったと思います。

――春の統一地方選でも、吉田さんや岸本さんにつづけと女性の候補者が多く出てきています。

吉田　介護しながら、子育てしながら、という方もいらっしゃいますが、私も岸本さんも「それでいいよ」と言っています。これまでの選挙では、候補者になったら人権はないとか家庭のことを口にするなと言われてきましたが、そういうことは終わらせよう、と。政治家ってプライバシーもないし、何を言われても「ありがとうございます」だし。だけどそうやって特殊な職業にしちゃうと、本当に来てほしい人材が挑戦できなくなっちゃう。それを破っていくのは女性議員だと思っています。男性同士では「こういうもんだから」と言われると「ははーっ」と従って、しかもそれによって絆が深まるようなことまであるんだけど、「わからないものはわからない」と言っていきたいです。

――最後に、あらためてこのインタビューのテーマである落選についてお聞かせください。吉田さんは

なぜ落選を経験されても諦めずに続けてこられたのでしょうか。同じように落選を経験された方にメッセージをお願いします。

吉田　たとえば就活で「お祈りメール」がくるとすごく傷つきますよね。うまくいったと思ったのになんで？　と、自分の人格を否定されたような気持ちになるし、「お祈りメール」が何社も続くとブルーになる。ちょっと違うかもしれないけど、落選も同じようなことです。自分をさらけ出して、住民の方に「バツ」を出されるということなので、とてもつらい経験です。

まず、「やっぱり私じゃだめなんだ」と思ってしまいますよね。それまで支えてくださった方に顔向けできない申し訳なさと恥ずかしさもあります。周りの人には「落ちた人」みたいに言われて、扱われて……。気にしない、と自分に言い聞かせても、でもやっぱり、その視線や言葉に傷つく、そういうつらさだってあります。

一〇年頑張ってこられたのは、支えてくださる方々の存在と、政治をあきらめない、弱い立場の方々の目線で政治を実現したいという固い意志です。

加えて、外から見ていればどこの選挙区で落ちても「落選」だけど、選挙区選びの重要性が見えてくると、この落選は必ずしも「私」というものが全否定されたわけではないんだな、と自分を慰めることができるようになります。だから、同じように落選された方にも広い視野をもっていただいて、自分をまっこうから否定されたわけではない、あらゆる要素が絡んでくるのが選挙なのだと思ってほしいです。そして、再度チャレンジしようという時には、何か目標をもつことをおすすめします。揺れ動くことがあった時に指針となるような、個人的なゴールがあると強いです。
落選ってとてもつらい経験だけど、選挙を通して得ることも多いはずです。千葉で出会った方々は今も大切だし、震災から三年のタイミングで入った岩手では被害の大きさに触れ、災害、防災、減災対策の重要性と復興への思いをより強くしました。また、地方の外国人技能実習生の問題に触れ、あらゆる現場を勉強させてもらいました。落選の経験が今の自分をつくっています。だから消し去りたい過去じゃないし、そのことも含めてBe Proud（誇り）です。

——政治家を目指す女性に一言お願いします。

吉田 「政治を志そう」その気持ちが芽生えたっていうだけで、本当に自分を褒めてあげてほしい。そして、ぜひ等身大の視点のまま、新しいものをつくりあげていくチームに入ってもらえると嬉しいです。どんな立場、思想であっても、私は自分の考えや主張をする人をリスペクトします。女性が声を上げることに対して躊躇しない社会を目指したいから。だから、まずは政治に目を向けて関心をもってくれただけでCelebrate（素晴らしい）！　あなたがその気持ちを今すぐ行動に移せるように、これからも頑張っていきます。

終章

日本の女性政治家を育てる

対談

パリテ・アカデミーが開拓するトレーニング

二〇二三年三月一五日実施。※肩書は当時
聞き手＝花伝社編集部

申きよん（しん・きよん）お茶の水女子大学ジェンダー研究所教授。米国ワシントン大学政治学科で博士号を取得し、女性の政治代表性、ジェンダークオータ、女性運動、#MeToo、ジェンダー政策など、ジェンダーと政治分野の多岐にわたる課題を研究。学術誌『ジェンダー研究』編集長。共著として『ジェンダー・クオーター——世界の女性議員はなぜ増えたのか』（明石書店）、ほか学術論文多数。二〇一八年から女性の政治リーダーシップを養成するために活動をしている一般社団法人パリテ・アカデミーの共同代表。

三浦まり（みうら・まり）⬇奥付を参照。

●「政治リーダー」育成に向けて

——この本では二四人の女性政治家たちがさまざまな角度から政治の世界の面白さを語っています。ここまでお読みいただいた読者には政治家という仕事の魅力が伝わり始めているのではないかと思いますが、「どうすれば政治家になれるのか」ということは、実はあまり知られていません。お二人は女性政治

対談当日の様子（左から申、三浦）

リーダー養成のプログラムを提供する「一般社団法人パリテ・アカデミー」を主宰されていますが、立ち上げの経緯はどのようなものでしたか。

三浦　パリテ・アカデミーが発足したのは二〇一八年のことですが、最初のきっかけは二〇一六年、申さんとの共同研究で女性議員へのインタビューをすべく、議員会館の喫茶店で打ち合わせをしていた時のことでした。

当初からお互いの共通認識として、女性議員をもっと増やしたい、研究だけでは足りないという思いがありました。私はその時すでに候補者男女均等法[1]をつくる動きに関わっていたのですが、政党による努力とあわせて、女性たちの背中を押すような動きを市民社

1　政治分野における男女共同参画推進法。二〇一八年五月成立。国会と地方議会の選挙で「男女の候補者の数ができる限り均等となることを目指す」と規定し、政党に対しては女性候補を増やす努力を求めたもの。二〇二一年六月改正。改正については本書一四七頁の注11を参照のこと。

会として作ることも必要だろうと考えていました。そうしたことを申さんと話すなかで意気投合して、「じゃあ私たちでやろう!」と。

申　私はその直前にちょうどアメリカで在外研究をしていて、アメリカでは若いうちから女性の政治リーダーシップを養成するためのトレーニングプログラムが沢山あることを知っていました。日本に戻ってきて、研究で分かった知見を大学だけでなく、広く一般社会にも共有して社会を変えていきたいと思っていたところでした。三浦さんとは、お互いが「とにかくやってみよう」という前向きな性格が合致していて、それがパリテ・アカデミーを実現させた原動力になりましたね。

三浦　そうそう。すぐに盛り上がって、名称やロゴについていてたくさん議論して、作り上げてきました。日本でクオータ制[2]の議論になると、政党は「女性候補者がそもそもいない」と言って逃げるわけです。そういう時にも、女性候補者のプールがあればと思っていました。

――立ち上げ前年には視察としてアメリカを訪れています。

三浦　アメリカでは大学やNGOなどが女性の政治参画を支援する豊富なプログラムを提供しています。二〇一七年に二週間ほどかけ、二人でそうした現場を一四か所訪れました。[3]

2　➡本書一四七頁の注13を参照。
3　三浦まり・申琪榮「女性の政治リーダーシップ　米国調査出張レポート」(二〇一八年三月、笹川平和財団発行)に詳しい。(https://www.spf.org/global-data/20180620113831255.pdf)

申　アメリカは日本と同じくクオータ制もないし、政党が体系的にトレーニングを提供する機会もヨーロッパに比べて少ない国です。個々人の頑張りで政党の予備選で選ばれて候補者になるというのが基本的な政治家への道なので、社会的に周縁に置かれた女性がそのチケットを手にすることが難しい。そこで、「エミリーズ・リスト」[4]のような組織や、女性たちをサポートするためのNGOがたくさんあるわけです。

三浦　特徴的なのはハーバード大学のような主要大学に必ず女性向けのリーダーシップ・プログラムがあることですね。政治リーダーを目指すものもあれば、企業やNGOのリーダーを目指すものもあって大学ごとに力点はさまざまです。

申　日本の共学の大学で「女性のためだけの一年間のプログラムをやります」と言ったら、どれだけハレーションが起きるか。「なぜ女性だけ」などと言われそうですけど、ハーバードに入るような女性こそ、どんどん社会に出て世界規模で活躍してもらおうというのが狙いなんですよね。

三浦　同時に、有色女性や恵まれない環境にある女性への支援を積極的に行っている団体が多いことも重要です。シングルマザー向けに開催時間や費用を配慮する団体もありました。私たちもラトガーズ大学のプログラムではアジア系アメリカ人のパネルに参加しましたが、きめ細やかな支援体制になっていると思います。

4　人工中絶選択権を尊重する民主党女性候補を資金的に支援するためのアメリカの組織。

――アメリカでは二〇一六年の大統領選挙でトランプ氏が当選し、直後には彼の女性蔑視発言などへの抗議としてウィメンズマーチがありました。そうした影響はいかがでしたか？

三浦　まさにウィメンズマーチが各地で行われた、その数か月後というタイミングでの視察でした。その熱気が残っていて、どこのプログラムでも応募者が二、三倍に増えたと聞きました。女性たちが危機感をもち、二年後に行われる次の選挙に照準を当てて、準備をすでに始めていたんですね。

申　結果的に、二〇一八年のアメリカ中間選挙では、民主党候補者が相次いで当選しただけではなく、女性議員の割合が二割を超えました。アメリカも男性中心の政治が続いていたので、その数％の増加は大きな一歩でした。

三浦　アメリカでの視察を参考に、日本にはどういったプログラムが必要かという議論を重ね、二〇一八年三月に一般社団法人パリテ・アカデミーを立ち上げました。

最初に五回連続講座をやって、夏にはアメリカから専門のトレーナーを二人招いて二泊三日の合宿を開催しました。この合宿が、後にパリテ・アカデミーの中心企画になっていきます。

●「支え手」になりたい人も

――パリテ・アカデミー参加者にはどのような方がいますか？

申　これはぜひ強調したいのですが、参加者は「今すぐ選挙に出たい」という方ばかりではないのです。パリテ・アカデミーに参加する動機としては、「政治に関心がある」くらいでちょうどいいと思っています。四〇代前半くらいまでを優先という形にはしていますが、年齢制限もありません。

政治に関心のあるという方のなかにはすでに選挙ボランティアに参加した経験があったり、応援している議員がいたりして、政治について漠然としたイメージを持っているかもしれません。ですが、いざ自分が立候補するとなると一人では難しい。何から始めればいいのか、どう闘えばいいのか、あらためて知識をつける必要があります。パリテ・アカデミーはそのための情報を得たり、仲間とつながることができるアクションのプラットフォーム的な役割をしていますので、私たちの掲げる三つの社会像――「Inclusion（誰をも排除しない包括性）」、「Respect（お互いの違いを尊重する関係性）」、「Justice（差別がなく人権が尊重され真の民主主義と平和な社会の追求）」に共感してもらえる方なら、誰でも気軽に参加してもらいたいと思っています。

三浦　パリテ・アカデミーはこうしたビジョンを掲げているので、参加者は女性としての生きづらさや理不尽な思いを抱え、これは政治の問題として解決しないといけないと考えている人が多いです。募集する時にも、「政治家になろう」と言うと敷居が高いかもしれないので、「政治リーダー」という言葉を使っています。政治リーダーって色々な形があって、ＰＴＡの会長もそうだし、自治会長だってそうです。パリテ・アカデミーとしてはとにかく間口を広くしておいて、最初の一歩を踏み出す場所になれたらと思います。終わった後に別の政治塾に顔を出す修了生もいますし、特定の政党から立候補したいという場合にはその政党がやっているスクールへ行ってくださいと言ったりしています。

――「選挙に出たい」と思っていなくても参加していいのですね。

三浦　実際、最初から立候補を考えている参加者はあまりいなくて、「支え手になりたい」という方のほうが多いです。だけどプログラムが終わった後でアンケートをとると、八割くらいの方が「立候補してみたい」と答えていて、心を動かされたことがわかります。

ただ、最近の傾向として当初から「政治家になりたい」という方が増えてきたように思います。この五年間で社会の雰囲気が大きく変わったことが関係していると思いますが、五年前にはプログラムのなかで「女性政治家がいかに少ないか」という説明をすると参加者は驚いていたのですが、今ではそれは社会常識になっています。私たちが提供する知識も参加者のニーズに合わせて、アップデートしています。

●自分らしさを発揮するスピーチ

――日本向けのプログラムを構成される際に意識したことはありますか？

三浦　最初から重視していましたが、合宿を重ねるなかでより重要度があがったものとして、スピーチがあります。合宿ではまずは小さなグループのなかでスピーチをして、それをさらに練ったものを全体の前でやって、とスピーチの回数を重ねます。その際、聞き手となる人には良かったところをまず褒めるよう伝えています。表情がいいとか声がいいとか、言葉が刺さったとか、自分が思いもよらないようなところを褒められて、「自分にはそういう良さがあったんだ」と思えるのは貴重な経験だと思っています。日本ではすぐにダメ出しされるので、褒められる経験が少なすぎるんですよね。

申　本当に少ない！（笑）だけど、皆さん褒めるのは本当に上手です。日本の女性はパブリックな場でスピーチをするという経験が少ないので、最初は皆さん「できない」と言うんですが、やってみて参加者たちに耳を澄まして聞いてもらって、よかったところを褒めてもらうと「意外とできるかも」と気づいていく。トレーナーからはどこを改善すべきか具体的なフィードバックがもらえるので、スキルの面でも短期間でパワーアップしていきます。

三浦　一日や数時間の間で成長が感じられるので、場数を踏めば誰でも上手になることがよくわかります。仲間の変化を見ながら、自分もいずれ上手くなるだろうと自信に繋がっていきます。

政治家でなくともリーダーとなる人にとって、人前で話すことは絶対的に必要な要素です。それを少しでも体験して成長を実感できれば、あとは自分で工夫できると思っています。うまいなと思う人の演説を聞いたり、自分の演説の様子をビデオに撮ったり。そのためのきっかけをパリテ・アカデミーが提供できればと思っています。

申　スピーチは自分らしさを発揮するためのコミュニケーションツールです。表現の方法はさまざまですが、とにかく自分の持っているものを活用して、何かを伝えなければならない。そこで、自分の持っているもの、強みってなんだろう、自分は何を考えて生きてきたのだろうと深く考えることになります。パリテ・アカデミーでのスピーチのプログラムは、そうやって突き詰めた先にある「自分らしさ」をみんなに受け入れてもらう経験でもあります。

三浦　そうですね、決してアナウンサーになるためのトレーニングを提供しているわけではありません。発声の仕方とか原稿の上手な読み方に力点があるわけではないし、こうなるべきという理想モデルもありません。それよりも、それぞれが「自分らしさ」を追求して自らの「コア」を持つことを重視します。自分はこれがやりたいというメッセージがなければ、どれだけ技術があっても何も伝わらないんですよね。

とはいえ「自分らしさ」なんて一人ではなかなか発見できないので、パリテ・アカデミーで出会った仲間との対話を通して、他者との共通点や違いのなかから探りあててほしいと思っています。

●チームのなかでエンパワーメントされる（力をつける）経験

――プログラムのなかでは、他にどのようなことを重視していますか？

三浦　先ほど挙げた三つの社会像を実現するための方法論として、「コンフィデンス」、「キャパシティ」、「コミュニティ」という三つのCを設定しています。

「コンフィデンス」とは自信のこと。すでにお話したようなスピーチが良い例です。自分の内面を掘り下げ、それを表現し、受け入れられることで自信を得ることができます。この本に登場した女性議員たちも、皆さん確固たる政治信念をもっていましたよね。つらいこともあるしバッシングを受けることもあるけど、それを跳ね返すような強い政治信念をもっています。自分はなぜ政治の世界に入りたいのか、徹底的に突き詰めるプロセスが重要だと思っています。

「キャパシティ」はスキルにあたる部分です。スピーチのスキルアップはもちろん、パリテ・アカデミーでは選挙戦を闘うにあたっての最低限の知識も提供します。ほんのさわりにすぎないものですが、自分で情報源を探していくための、およその見取り図は得られると思います。

重要なのが「コミュニティ」です。選挙戦においても議員活動においても、「チーム」が非常に重要です。候補者や政治家は、支えてくれる人がいて初めて闘うことができるので。

申 コミュニティをつくってエンパワーメントしあうというのは合宿プログラムの大きな目的ですよ

東京での合宿プログラムの例

【一日目】

オープニング

セッション1「議員って何する人？」

セッション2「スピーチ」

昼食

スピーチ発表

セッション3「日本の選挙／ターゲット」

セッション4「資金調達」

セッション5「SNS等での発信」

セッション6「選挙チームをつくろう」

【二日目】

セッション7「ハラスメントへの対処」

セッション8「政治家ゲストによるパネル」

グループ発表

修了式

解散

合宿の様子。トレーナーが各テーブルを回って具体的なアドバイスを行う（パリテ・アカデミー提供）。

ね。実は最初に合宿をした際、部屋の確保ができずに参加者には三人一部屋でお願いしたのですが、それもあってか参加者同士の結束が非常に固くなったことにもヒントを得ました。

合宿では参加者四人程度でチームを作り、それぞれの「選挙プラン」を披露する模擬選挙を行うのですが、その準備は皆さんほとんどが徹夜で取り組まれています。そうした経験の共有も、長く続く友情の礎になっていると思います。

三浦　前に出てスピーチをするのがどれだけ得意でも、チームをまとめ上げられないと、選挙を闘うのは難しいでしょう。いろいろな人の力を借りていく、あるいは力を引き出すこともリーダーには求められます。模擬選挙の際のチーム内での役割はくじ引きで決まります。自分のやりたい役に当たるとは限りませんし、苦手なこともやらないといけないかもしれない。そういった予想外のことがあっても、みんなで補い合って乗り越えるチーム力をつけてほしいと思っています。

申　広い社会的ネットワークを得ることのできる男性は、壁にぶつかっても助けてもらえることが多いのですが、女性はそうしたネットワークを得ることができずに孤立させられています。結婚して専業主婦となれば社会と隔絶してしまいますし、大学を出ていても大学で築いた人間関係が自分の社会的な活動の基盤になるという意識はあまりない。そして一人で頑張ってしまう。だからこそ、パリテ・アカデミーではチームで取り組むことで一人では絶対につくれないものができるという経験をしてほしいのです。チームワークが必要なプログラムを必ず取り入れるのはそういう理由からです。そして、女性たちが集まった時のパワフルさを感じてほしい。「私たちにはできる」という感覚を得られることが、参加者をイキイキさせていると思います。

三浦　パリテ・アカデミーの修了生を「アルムナイ」[5]と呼んでいますが、彼女たちによるコミュニティも素晴らしいです。「立候補した」とか「選挙ボランティアでSNS戦略を担当しています」とか、そうした情報交換があったり、選挙活動の現場へ駆けつける人がいたりして、修了生同士で支え合う姿が見られます。そうしたネットワークを絶やさないこともパリテ・アカデミーの役割なので、交流会をしたり、オンラインでも繋がりがもてるように工夫しています。また、修了生のなかにはトレーニングを受けてパリテ・アカデミーのトレーナーとして活躍してくださる方もいて、コミュニ

5　教育機関の卒業生を指す言葉。

ティの維持や発展に寄与してくれています。

申　この五年間で合宿参加者は一〇五名、合宿以外のトレーニング講座なども含めると、延べ一七七名がパリテ・アカデミーを修了しています。何かをやろうという時、協力者がたった数人でもいれば、非常に力になりますよね。政治に限らず、「こんなことがやりたい」と発信して、「意見をください」とか「参加してください」と気楽に呼びかけられる仲間が一〇〇人もいるというのはすごいことだと思います。

●パリテ・アカデミーをモデルケースに

――パリテ・アカデミー設立から五年が経ちましたが、成果という意味ではいかがでしょうか。

三浦　現時点での議員当選者数は九名、今年の統一地方選には修了生から二〇名近くが挑戦しています。パリテ・アカデミーは超党派でやっているので、修了生のなかで立候補した方は、公明党以外すべての主要政党にいます。

申　約一〇〇人から二〇人近くが立候補しているわけですから、相当な確率ですよね。パリテ・アカデミーに来た時には地元で女性議員を出したいから方法を学びたいと言っていたような方が、「自分が立候補するのが早かった」と言って出るようなパターンもあります（笑）。

三浦　模擬選挙での選挙シミュレーションがすごく実践的なものなので、そこで使ったポスターをそのまま実際の選挙戦で使用された方もいましたね。

また、修了生たちのその後として、立候補するだけではなく候補者をサポートするための活動も広がっています。たとえば修了生のなかで地方議員に立候補した方から、住所を公開しなければならず怖い思いをしたという声が上がってきた際、同じく修了生でメディアに勤めている方がそれを取材して記事を書き、大きな反響を得たことがありました。そうした動きはその後総務省を動かし、通知[6]を出させるまでになりました。

あるいは、この本の第4章に登場する濵田真里さんたちが始めた「女性議員のハラスメント相談センター」や、同章解説で触れた、子連れでの選挙活動における注意点を総務省がまとめたQ＆Aも、パリテ・アカデミー修了生たちの動きがきっかけとなって作成されました。

申　子育てをしながら地方議員を目指す母親を支援する「こそだて選挙ハック！　プロジェクト」ですね。政治の世界へ飛び込んだ修了生たちが情報を交換することで、さまざまな課題や壁が見えてきました。パリテ・アカデミーが個別の事例に対応することはできませんが、パリテ・アカデミーを土台として、そうした課題解決に向けた一歩を踏み出す方々がいるというのも、成果の一つだと思います。

6　総務省は二〇二〇年七月、立候補者の住所の告示については「市区町村または字まで」とする通知を、都道府県選管に出した。

チームごとに選挙キャンペーンを考える様子。ポスター作成や資金計画立案などプレゼン準備に熱が入る（パリテ・アカデミー提供）。

――「FIFTYS PROJECT（フィフティーズ・プロジェクト）」[7]など、男性中心の政治の世界でのジェンダーギャップの解消を目指そうという動きは若い世代にも広がってきています。

申　FIFTYS PROJECT代表の能條桃子さんはパリテ・アカデミー修了生でもありますし、パリテ・アカデミーは設立当初から「若手女性」の政治参画の重要性を訴えてきましたので、若者当事者の活動にはとても期待しています。これからの活躍も見守っていきたいです。

三浦　今後も、候補者や議員を支援する多種多様なネットワークやトレーニングが出てくることを期待しています。アメリカにはすでにそうした土壌があるわけですが、視察に行った際に「競合しないのか」と聞

7　二〇二三年春の統一地方選挙に向けて、二〇代、三〇代の女性や多様なジェンダーアイデンティティを持つ地方議員を増やすプロジェクトとして立ち上げられた。

いたところ、「まったくしない」とのことでした。地域や趣旨が違ったり、場合によっては政党色があったりすることで参加者は変わるし、自分の興味にあわせていくつかも掛け持ちする参加者もいます。たとえばパリテ・アカデミーは国際的なネットワークの豊富さが特色です。アメリカのトレーナーを呼んだり、台湾で似たような活動をやっている組織と交流したり、海外の好事例を知る機会を積極的に作っています。

申　お互いに学び合えれば全体が盛り上がりますね。実は、女性たちが女性同士の協力体制を作り出すことができればより良い結果が生まれる、ということを証明するのも、パリテ・アカデミー立ち上げの一つの目的でした。男性に気に入られなければ生き延びられない社会では、女性同士は競争相手になってしまいがちなので、そのモデルを変えたい、と。

三浦　私たちはシェアオフィスも活用しながら、二人の共同代表と事務局長一人だけで一般社団法人をやっています。これは、パリテ・アカデミーにも講師として来てもらったアメリカのトレーナーが同じように二人で組織を立ち上げてトレーニング講座をやっていたことにインスピレーションを受けています。私たちが他に仕事をもちつつこうした形で活動していることも、誰かにとってのロールモデルになればいいなと思っています。

● 選挙文化を変える／地方展開

――今後の展望について教えてください。

三浦　一つは、選挙文化を変えていくこと。パリテ・アカデミー参加者の多くは、政治の世界を目指す理由、あるいは関心をもった理由として、女性としての生きづらさを挙げるのですが、実際の選挙において「女性の生きづらさ」は争点になりにくいのが現状です。特に小選挙区では地域や国政の課題を訴えることが優先されます。また、短い選挙期間のなかでは名前を覚えてもらうために選挙カーで名前を連呼するスタイルを選択せざるを得ず、そうしたことは女性たちが立候補を尻込みする一因にもなっています。

合宿のなかでは、女性たちが政治に参加したいと思えるような、素晴らしい選挙キャンペーンのアイディアが次々出てくるんですね。傍聴に来たとある政党関係者の方が「自分は政治のプロを自負していたけど、こんな発想はなかった」と目を輝かせて言ってくださるほどです。いま、パリテ・アカデミー修了生たちがそうした新しい選挙スタイルを開発しようと頑張っていますが、もっと多くの人が選挙に関わりたいと思えるような選挙文化をうねりのようにつくることができれば、彼女たちが束になって出ていくことも可能になるのではと思っています。

申　現行の公職選挙法では新しいやり方にチャレンジしづらい仕組みになっているんですよね。なんでも禁止することが基本なので、前例のないことをするリスクがあまりに高い。

三浦　公職選挙法は弾圧のために生まれた法なので、新しいことをやろうと思っても基本的には法に抵触する「かも」しれない、ということが立ちはだかります。今まで慣例としてＯＫと見なされていたことすら変わってしまうことがありえるのです。

ささやかなことですが、パリテ・アカデミー修了生から立候補者が出る時には、パリテ・アカデミーオリジナルのカラフルでおしゃれな「為書き」を贈るようにしています。よく選挙事務所で目にするのは墨で「必勝」などと書かれたものだと思いますが、ちょっと怖いので(笑)。そうしたところからも選挙文化を変えていければと思っています。

申　誰かがやって話題になったり、若者にアピールできたとわかれば、少しずつ変わっていくのではないかと思っています。あと、今後は議員になった方々をサポートすることも考えていきたいと思います。これまでは政治にもっと参加しましょう、というのが主な活動内容でしたが、女性議員が増えていくと、彼女たちがやりたいことを実現していくために必要な政策的な知識とか、お互いに直面している悩みを乗り越えられる知恵や成功体験を共有し合うことができるような機会を作っていきたいと考えています。

三浦　今後の展望としてもう一つ、地方でのパリテ・アカデミー開催があります。設立当初は東京中心でやっていましたが、地方講演に呼ばれてたびたび東京の外に訪れるなかで、地域によって女性たちの意識や課題が違うことが見えてきました。東京はこの一、二年の間で、特に若者はさまざまなアクティビズムに触れたり、主体的に参加したりする機会が増えていますが、地方ではまだまだ女性が発言しづらい風土が根強く残っているように思います。実際、女性議員の割合も、東京では区も都議会も三割を超えています。いっぽう日本全体で見れば女性議員がゼロまたは一人しかいない「ゼロワン議会」は約四割にもなります。こうした現状からも、鍵は地方にあると思っています。

申　地方で展開するにあたって、募集時に「政治」ということを強く出し過ぎると敬遠されてしまったりしますよね。まずは敷居をいかに下げるかといったことが課題です。「発言していい」、「声をあげていい」というところから背中を押す必要があります。

三浦　地方開催にはパートナーも必要です。その地方でハブとなる人や組織と一緒に取り組まなければ持続的な動きになりません。去年は京都市と明石市で開催しました。今後は各地の男女共同参画センターと協力して開催することも期待しています。地方議員のなり手不足問題の解決の観点からも、市民の政治参画を推進していきたいですね。

申　いまは金沢市と福岡市での開催を企画中です。日本中でパワフルな女性に出会い、政治の世界に送り出すことを楽しみにしています。

おわりに

ここまで読み終えた皆さんは、諸先輩の励ましの言葉をシャワーのように浴びて、背中を押されたのではないでしょうか？

政治も選挙も楽しいもので、やりがいに満ちたものであるのは間違いないでしょう。大好きな地域やコミュニティをよくしたい、困っている人を助けたい、という気持ちをストレートにぶつけて、社会を変えることのできる仕事が政治だからです。もちろん、実際の権力闘争が「甘い」ものであるはずがなく、男性政治の壁に悔しい思いを何度も経験し、激しい政治対立に巻き込まれ、信頼していた人に裏切られることもあるでしょう。それでも政治を諦めず、闘い続けることを選択した本書登壇者の皆さんには、心から敬意を表したいと思います。そして、超党派の座談会やインタビューを快くお引き受けくださったことに深く感謝申し上げます。

本書で本田まきこさんは「傍観者からプレイヤー」になったとおっしゃっています。社会をよくしたいという思いは、読者の皆さんも共有していると思います。それをただ自分の心のなかで願うだけではなく、プレイヤーとして実際に働きかける人が増えることで、願いが叶う可能性が拓けてくるのです。そして、権力を握る幸運に恵まれたのであれば、「一度握った権力を易々と放さないこと」、「重要なのは権力の使い方」（辻元清美）とあるように、女性もまた権力を取ることへの執念を持つことが、社会をより良いものにしていくには必要でしょう。もちろん、その権力がどのように使われるのか、有権者が厳しくチェックすることも不可欠です。

二〇二三年四月には統一地方選挙が実施されました。候補者男女均等法が二〇一八年に施行されてから二度目となりますが、ようやく道府県議会や首長にも女性が増えてきました。道府県議会選の候補者に占める女性割合は一五・六％（前回は一二・七％）、当選者では一四・〇％（前回は一〇・四％）と過去最多となっています。これまで女性議員がとても少なかった鹿児島、香川、岡山の県議会で女性割合が二割を突破するといった地殻変動も起きています。市議会では、ほぼ男女同数、または女性が過半数の議会も出てきました。

女性の首長は、選挙前は二・五％しかいなかったのですが、統一選の八八の市長選で二八人の女性が立候補し、東京都の一二の区長選では三三人の候補者のうち一四人が女性と、過去最多となりました。本書に登場する木村やよいさん、永野ひろ子さんも挑戦をしました。まさしく、岸本聡子杉並区長が新しい風を起こしているといえるでしょう。結果として、木村さんを含む三人の女性区長が誕生し、二三区は六人の女性区長を擁することになりました。また、全国では七人の女性が市長として当選しました。

本書の登壇者では、うすい愛子さん、山田裕子さん、池田幸代さん、高橋まきこさんが再選を決めています。

挑戦する女性が増えたということは、残念な結果に終わった場合もまたあることを意味します。実際、落選という試練があることも、政治という職業の厳しさです。もっとも吉田はるみさんが指摘するように、落選は候補者を全否定するものではありません。選挙ごとに「構図」が異なり、その構図が自分にとって不利であれば、どれだけ頑張っても手が届かないことがあるのです。選挙の構図を作り出しているのは政党や集票を担う組織で、それらの意思決定はほぼ男性だけで占められています。ここに女性がもっと参画していくことも、女性が闘いやすい土壌を作るには必要になってきます。

野田聖子さんは初戦での落選を振り返り、「政治家人生を振り返って一番よかったのは、最初の衆議院議員選挙で惨敗したこと」、落選した人に「わざわざ手を差し伸べてくれる人なんて、議員になってから出会えるチャンスはまずもってありませんから」と述べます。選挙が終わり、また次の選挙に向けて、新しい種が蒔かれているのです。

本書では挑戦する女性たちを支える活動も紹介しました。女性の選挙ボランティアが増えることも選挙文化を変えていくためには重要な点です。子育て中の候補者へのサポート、候補者のためのハラスメント相談窓口、女性リーダー養成のセミナーなど、様々な活動が広がっています。誰もが女性政治家・候補者の「支え手」となることができますし、また、なることが民主主義を強くするためには欠かせません。

本書は花伝社編集部の大澤茉実さんの熱い思いで実現しました。二〇代の大澤さんにとって、女性が出づらく、叩かれることも多い政治のありようは希望が持てないものだったといいます。若い女性がもっと政治に参加したくなる本を作りたい、立候補すると決めた女性が活動を続けるためにどうすればいいのかのヒントを得られる本がほしい、ということから企画がスタートしました。超党派の国政・地方政治の政治家にお声をかけ、彼女たちの息遣いが聞こえてくるような本にしようと、座談会やインタビューを中心とした構成を考えました。初回の座談会が終わった時に大澤さんに感想を聞いたら、「めっちゃ励まされました！　私も選挙に出ようかなと思っちゃいました」と答えたのが、この本のすべてを語っていると思います。

「私たち先を行く者が、少しは楽になるように頑張って道をならしておきますので、ぜひ、挑戦してください」（森まさこ）というメッセージが、読者の皆さんにも届きますように。

【編著者】
三浦まり（みうら・まり）
1967年生まれ。上智大学法学部教授。専攻は政治学、ジェンダーと政治、福祉国家論。パリテ・アカデミー共同代表。慶應義塾大学大学院法学研究科およびカリフォルニア大学バークレー校大学院修了。同大学でPh.D.取得。東京大学社会科学研究所研究機関研究員等を経て、現職。2021年、フランス政府より国家功労勲章シュバリエ受章。
著書に、『さらば、男性政治』、『私たちの声を議会へ——代表制民主主義の再生』、編著として『社会への投資——〈個人〉を支える〈つながり〉を築く』（以上岩波書店）、『日本の女性議員——どうすれば増えるのか』（朝日新聞出版）、共著として『女性の参画が政治を変える——候補者均等法の活かし方』（信山社）、『日本政治の第一歩』（有斐閣）、『ジェンダー・クオータ——世界の女性議員はなぜ増えたのか』（明石書店）など。

政治って、面白い！——女性政治家24人が語る仕事のリアル

2023年5月25日　初版第1刷発行

編著者 —— 三浦まり
発行者 —— 平田　勝
発行 ——— 花伝社
発売 ——— 共栄書房
〒101-0065　東京都千代田区西神田2-5-11出版輸送ビル2F
電話　03-3263-3813
FAX　03-3239-8272
E-mail　info@kadensha.net
URL　https://www.kadensha.net
振替 ——— 00140-6-59661
装幀 ——— 黒瀬章夫（ナカグログラフ）
印刷・製本— 中央精版印刷株式会社

ISBN978-4-7634-2065-7 C0031